D1931262

Ich liebe flotte Rentner(innen) aus der Reihe

© Tomus Verlag GmbH, München
Alle Rechte der Verbreitung, auch durch Fernsehen, Funk, Film, fotomechanische Wiedergabe, Bild- und Tonträger jeder Art, sowie auszugsweiser Nachdruck vorbehalten.

Umschlag: Jutta Schneider
Titelbild: Gerhard Brinkmann

Satz: Fotosatz Geiß, D-8039 Puchheim
Printed in Italy, by Graphican, Vicenza

ISBN 3-8231-0720-8

Ich liebe flotte Rentner(innen)

von Helmut Grömmer
Illustriert
von Gerhard Brinkmann

TOMUS VERLAG MÜNCHEN

0
Vom Alter geadelt

Meine herzliche Gratulation! Ob nun Freunde, Verwandte oder Kollegen Ihnen dieses Buch geschenkt haben, ob es Ihr Chef war oder ob Sie sich selbst dieses ständig — sogar im Bett! — wiederholbare Vergnügen einer amüsanten Lektüre verschaffen wollten: Ich gehe wohl recht in der Annahme, daß Sie, der Leser, die Leserin, zu jenem von vielen beneideten Kreis von Menschen gehören, die nicht nur vom Alter geadelt worden sind, sondern denen es darüber hinaus gelang, sich aus den Zwängen beruflicher Verpflichtungen zu befreien.

Wenn das kein Grund zum permanenten Feiern ist! Wäre da nicht ein Schönheitsfehlerchen. Verblüffend für alle, die sich diesen Freiraum noch nicht erkämpft haben: den meisten fehlt dazu die

Zeit. Wer Pensionäre, Rentner und Ruheständler befragt und ob des süßen Nichtstuns beneidet, dem sie sich doch nun hingeben können, in der Regel wird ihm ein erstauntes, amüsiertes, manchmal fast beleidigtes »Schön wär's ja!« entgegenschallen. Die Zeiten, in denen man noch Zeit hatte, scheinen auch für die Älteren, die es verdient hätten, entspannt zu rasten, endgültig vorbei zu sein. Das beste Beispiel bieten die beiden Autoren und der Lektor dieses Buches. Der eine, Helmut Grömmer, Jahrgang 1912, jahrzehntelang erfolgreicher Chefredakteur bekannter Frauenzeitschriften, nutzt den Ruhestand, um sich als Autor von Theaterstücken, Kriminalromanen, heiteren Sentenzen für den Rundfunk und mit Büchern zu profilieren. Der zweite, Gerhard Brinkmann, Jahrgang 1913, hat sich als Karikaturist bei großen Illustrierten einen Namen gemacht und zeichnet mehr denn je. Der dritte im Bunde, Heinz Sponsel, Jahrgang 1913, wurde erst nach dem Ende seiner journalistischen Karriere ein bekannter Sachbuchautor und findet nun Spaß daran, die Bücher von TOMUS mit zu gestalten.

Drei von unzähligen, für die das »dritte Leben«, das Alter, neue Perspektiven eröffnet und eine ganz andere Art von Lebensqualität erbracht hat. Auch wenn Sie, denen dieses Grußwort gilt, sicherlich keine Anregungen nötig haben: In diesem Buch gäbe es jede Menge — sie sind natürlich nicht ganz ernst gemeint.

C.J. Frank

Inhalt

Lebe wohl
bis zum Ende
Deines
Lebens!

1
In Rente gehen – welche Lust!

Heute ist es vorbei mit den Tagen, die das Rentnerwerden so schwergemacht haben! Heute gibt es die G.d.R., die Gewerkschaft der Rentner, deren erste Tat es bekanntlich war, den schweren Abschied vom Arbeitsplatz zu ersetzen durch die nach Ortsverbänden organisierten Aufnahmefeiern in eine emotionslose Gemeinschaft. Schon daß der umflorte Begriff Abschied der Vergangenheit angehört, deutet den Wandel an. Wer je auf einem Bahnsteig gestanden hat und neutralen Sinnes die herzzerreißenden Abschiedstränen bei der Abfahrt eines Interkontinentalzuges mit den Freudentränen bei der Ankunft des Gegenzuges vergleichen konnte, weiß, wovon die Rede ist. Damals gab es bei der Verabschiedung der Kollegen, Mitarbeiter und Teilhaber, die in Rente gingen, sehr bewegte und oft von Weinkrämpfen erschütterte Szenen — heute gibt es das nüchterne, Herz und Kreislauf schonende, in eine genormte Zukunft weisende Willkommen der G.d.R.

Und doch! Der Mensch, auf Erinnerungen abonniert, kann sich nicht wehren gegen die Bilder, die seinen Lebensweg illustriert haben wie der selige Walt Disney das bewegte Schicksal der Mickymaus. Diese Bilder drängen sich auf. Vergangenheit will verarbeitet werden. Die Psyche fordert ihr Recht, und deshalb treibt sie einmal im Monat die Rentner zuhauf, die noch den alten Abschied von Betrieben und Ämtern, von Werkstätten und Büros erlebt haben. Es ist eine harte Prüfung der seelischen Stabilität, an einer solchen Veranstaltung teilzunehmen. Doch das muß man immer in Kauf nehmen, wenn einer beginnt, mit den Worten:

»Damals war alles ganz anders!«

Treten wir ein in den Saal C der G.d.R. Die vorderen 10 Reihen sind mit Altrentnern besetzt, auf den hinteren sitzen verstreut einige Neurentner. Der Vortragende, seit Jahren in Rente, ist nach einer Stunde Redezeit noch immer beim ersten Teil seiner Ausführungen, die sich mit den letzten acht Tagen vor seiner Entlassung beschäftigen.

»Als bescheidenen Korrespondenten einer Außenhandelsfirma«, ruft er aus und drückt die flache

Hand auf die Stelle, hinter der er sein Herz vermutet, »überraschte es mich sehr, wie sich Kolleginnen und Kollegen, die mich bisher nicht einmal in der Kantine gegrüßt hatten, auf einmal um mich kümmerten. Sie nannten mich beim Vornamen — ich heiße Ottokar — und schlangen mir heimlich Maßbänder um Kopf, Brust und Handgelenke. Obwohl ich auch bei solcher Gelegenheit in meine Arbeit vertieft war, fiel mir das auf — zumal ich Gesprächsfetzen mitbekam, die vermuten ließen, daß sich die Kolleginnen darum stritten, wer mir die Pulswärmer stricken durfte. Ich erinnere mich gut. Die Damen trafen sich abends im Raum des Betriebsratsvorsitzenden, um die erbeuteten Körpermaße umzusetzen in Wollmützen, Schals, Strickjacken und dazu passende Accessoires jeder Art. Hier diese Strickkrawatte...«

Der Redner reißt sie sich vom Hals und läßt sie reihum gehen, damit sich die Anwesenden von der exzellenten Stricktechnik überzeugen können.

Lorbeer und Hufeisen

»Die Herren«, fährt er fort, »auch solche, die jahrelang gegen mich intrigiert hatten, opferten ihre Freizeit, um mir den Abschied von meinem Arbeitsplatz so schwer wie möglich zu machen.«

Ausführlich geht Herr Ottokar auf die Ausschmückung seines Arbeitsplatzes mit Lorbeerblät-

Tritt ein,
bring Glück herein

tern, versilberten Hufeisen und Kleeblatt-Girlanden ein, ehe er zu dem noch halb gefüllten Wasserkrug greift, um seine lahmen Stimmbänder wieder in Schwung zu bringen.

»Und dann kam der große Tag, der Schritt in die Rente«, hebt er wieder an und schildert sehr bewegt, wie schon am frühen Morgen seine Arbeitskollegen und -kolleginnen vor seiner Wohnung einen gemischten Chor gebildet und das wunderschöne Lied ›Mit 66 Jahren, da fängt das Leben an, mit 66 Ja-ha-haaren, da hat man Spaß daran‹ geschmettert haben. »Dann«, fährt er fort, ging es im Firmenbus, den der Chef nicht nur bereitgestellt, sondern auch eigenhändig gesteuert hat, in den Betrieb zu einem fröhlichen Umtrunk. Neben meinem mit den Blumen der Saison geschmückten Schreibtisch war eine Couch aufgebaut, dekoriert mit einer von den Damen gearbeiteten Patchworkdecke und einem von den Herren gestifteten Nur-ein-Viertelstündchen-Kissen. Punkt zwölf zogen sich die Mitarbeiter zurück und bestanden darauf, daß ich auch an diesem Tag nicht auf meinen Büroschlaf verzichtete. Als letzte ging die Gattin des Chefs, nachdem sie ›Schlaf, Herzenssöhnchen‹ vom Blatt gesungen hatte.«

An dieser Stelle gibt es einen ersten Zwischenruf. Einer der Neurentner aus den hinteren Reihen will wissen, ob Ottokar damals, als die Chefin noch nicht gegangen war, wirklich geschlafen habe. »Wie konnte ich«, antwortete der Redner, »bei all dem Aufregenden, das mir geboten wurde.« Irgendwie muß er aber doch eingeschlafen sein, denn er spricht nun von seinem Wecker, der zum letzten Mal die letzte Arbeitsstunde einläutete. »Der vertraute Klang hat den ganzen Betrieb wieder mobil gemacht.« Hin und wieder aufschluchzend, kommt Herr Ottokar auf den Höhepunkt dieses denkwürdigen Tages zu sprechen. »Alle wollten ein Andenken von mir haben«, erklärt er stolz, »und ich konnte meinen Mitstreitenden und Mitleidenden nur sagen, daß sie ganz im Sinne des Verrenteten handelten, als sie meinen hölzernen Arbeitssessel aus der Mitte des vorigen Jahrhunderts in kleine handliche Stücke zersägten und untereinander aufteilten. ›Warum nicht auch meine Schreibmaschine?‹ rief ich aus und riß eine Type nach der anderen aus dem wackligen Leitwerk. So ist es recht! überschrie der Chef die Schlägerei um die Buchstaben O, T, K, A und R, weil sie Bestandteil meines Namens sind. Keiner, rief er aus, soll je wieder so fest wie Ottokar auf seinem Stuhl sitzen, keiner soll je wieder mit nur zwei Fingern auf der Schreibmaschine die Zeit tottippen. Der Chef war es auch«, schließt der Redner stockend, »der pünktlich zu Büroschluß den Zug anführte, der mich aus dem Betrieb hinausgeleitete; hinter ihm . . .«

Der Redner greift zum Taschentuch, weil ihn die Rührung übermannt.

»...hinter ihm der Kombiwagen mit all dem Selbstgestrickten gegen die Kälte der nächsten Jahrzehnte, und dahinter dann die ganze Belegschaft vom Laufjungen bis zu der bereits erwähnten Gattin des Chefs unter einem großen Transparent aus weißem Nessel, auf dem aus tausend roten Herzen die Worte leuchteten:

Wie schön sie war, wie wunderbar
die Zeit mit unserm Ottokar!«

Das Schluchzen, das Herrn Ottokar nach dem letzten Wort überfällt, steckt die Altrentner im Saal C reihenweise an. Einige fallen sich in die Arme und stottern »Jaja, so war es — genau so und nicht anders.« Nur in den hinteren Reihen, bei den Neurentnern, zeigt sich mehr Verwunderung als Betroffenheit. »Gott sei-Dank, daß das vorbei ist«, sagt einer zu seinem Nebenmann, der zwar nickt, aber offenbar nicht recht weiß, was der gerade 65jährige Spund damit sagen will: Ob er nicht ertragen kann, wenn einer seine Vergangenheit beweint, oder ob er nur endlich in den Saal D der G.f.R. will, wo ein Hundertjähriger über das Thema spricht: »Wie meine Angehörigen meine Rente angelegt haben.«

Ein feiner Herr
und Kavalier alter
Schule!
Er könnte mir
direkt noch gefährlich
werden!

2
Warum sie so beliebt sind

In der Sendung des Zweitbesten Fernsehens »Wer kann, ruft an« wurde am 17. Januar die Frage diskutiert: Warum sind Rentner so beliebt? Die Aufzeichnung kann erst im nächsten Jahr gesendet werden, weil die Vielzahl der Anrufe das Schnittvermögen der Cutterin weit übersteigt. Abend für Abend nimmt sie Bänder mit nach Hause, um sie durchzukauen. Wir durften beim Anschmecken eines 90 Minuten-Bandes fünf Minuten mitschmecken. Das ging so:

Trrrrrr. . . . stop. . . .

. . . rufe aus Neustadt am Rübenberge an. Also, die von gestern, das waren noch Kerle! Wir haben hier einen, der kommt zu jedem Schützenfest, als kehre er gerade aus dem Zweiten Weltkrieg zurück. Da braucht nur einer zu sagen »kalt heute«, und schon schießt er los: »Bei kalt fällt mir ein, wie mir in Rußland beinahe der große Zeh abgefroren wäre«, und dann zeigt er ihn vor und erzählt, wie er ihn beim Marschieren mit Schnee abgerieben hat, während rechts und links die Kugeln gepfiffen haben. Bände könnte das füllen, was der Mann alles überstanden hat! Im Laufe der Jahre ist er ein richtiger Volksheld geworden. Jetzt drohen schon die Mütter ihren Kindern: »Wenn du nicht die Kopfhörer abtust, dann geht's dir wie Opa Weltkrieg mit seinem Zeh!«

....trrrrrr.....stop....

...nein, mein Name ist Machauf, Machauf wie Machzu. Ich bin beim Unfallkommando in Kölle und will mal die älteren Augenzeugen loben. Also, die sind sofort zur Stelle, wenn's irgendwo kracht. Radfahrer gegen Auto oder Mittelklassedame gegen Herrenfahrer, ganz egal, sie sind dabei! Das ist ein großer Vorteil für unsereiner. Wir brauchen ja nur einen nach dem anderen zu fragen, wie er meint, daß so was passieren konnte. Das Angebot ist so groß, daß einem die richtige Wahl schwerfällt. Aber wir wissen schon: Die beste Darstellung gibt immer der Zuletztgekommene, der den Unfall gar nicht gesehen hat.

...trrrrrr...stop....

....ja, Briefträger bin ich, und ich bin auch ein Hundenarr. Aber am liebsten sind mir die älteren Herrschaften, weil sie sich immer an den vielen

Preisausschreiben beteiligen, die in den Zeitschriften das Nachdenken fördern. (In dem Wort Sonnenscheiin sind zwei Buchstaben zuviel. Welche sind das?) Abertausende von Postkarten künden nicht nur von der geistigen Regsamkeit unserer ältesten Mitbürger, sondern auch von ihrer Entschlossenheit, an eine glückliche Zukunft zu glauben. Rentner bestellen ja auch alle Prospekte im Dauerabo. Ich freu' mich mit ihnen, weil sie auf diese Weise jeden Tag Post kriegen. Keine Treppe ist mir zu hoch für einmal Kinderwindeln und einmal Beteiligungen im Süden. Nach einer Woche darf ich dann das gebündelte Altpapier wieder treppab tragen und vor die Haustür legen. Da wird doch noch was für die Gesundheit getan!

....trrrrr....stop....

....bin Butler beim Honorarkonsul a. D., Namen tun ja nichts zur Sache, und will mal berichten, wie auch rentenbegünstigte Damen noch mittendrin stehen. Da hatte doch in Denver so ein Schwiegersohn seine Frau verloren und war nun völlig mittellos. Das war wirklich schlimm, als der am Grab gestanden hat und ich mitansehen mußte, wie das Damenkränzchen der Frau Honorarkonsul dazu geschluchzt hat. Tiefbewegt schrie eine auf: »Wenn er nun nichts mehr hat, dann müssen wir eben sammeln!« Ich wurde angewiesen, mit dem Dienstzylinder des verstorbenen Konsuls rundzugehen. 88,70 Mark sind zusammengekommen. Ist doch erwähnenswert als ein schönes Zeichen von Verwandtschaftssinn!

War früher ganz anders

....trrrrrr....stop....

...Wemper mein Name, Wemper aus Stuttgart, und ich habe jeden Tag mit Rentnern zu tun, weil ich mit Außenarbeiten beschäftigt bin, wo es immer was zu sehen gibt. Das ist wie beim Fußballspiel. Die Rentner gucken zu und feuern einen an. Und natürlich fördert das die Arbeit. Sie sind richtig dabei, vor allem mit guten Ratschlägen: Das haben wir früher ganz anders gemacht. Davon reden wir noch, wenn Feierabend ist und wenn wir uns in der Stoßzeit im

Bus wiedersehen. Selbstverständlich bieten wir ihnen dann unsere Plätze an, denn sie haben ja den ganzen Tag gestanden.

....trrrrrr....stop....

.... Gundela Fetz aus Kassel, aber die Stammkunden sagen Gundi zu mir, wenn ich an der Kasse von der Pro sitze. Also, ich kann nie verstehen, daß sich alles aufregt, wenn sich Rentnerinnen und Rentner in der Schlange nach vorn drängen. Das weiß doch nun jeder, daß die keine Zeit haben. Und wenn sie sich auch noch vor Ladenschluß dazwischendrängen, dann muß man sich eben entschuldigen, daß man berufstätig ist und leider nicht früher einkaufen konnte. Ein bißchen mehr Rücksichtnahme wäre schon gut.

.....trrrrrr...stop....

...Soldat Harry Born, aber nur, weil ich gerade beim Bund bin und viel rumkomme. Also, was glauben Sie, wieviel Zeit mir die Rentner schon gespart haben. An den Fahrkartenautomaten. Das kapiert doch keiner, wie das geht. Immer aber treffe ich da auf einen Rentner, der das weiß. Erst hier gucken, dann da lesen und da drehen und da reinwerfen, sagt er und hat sein Erfolgserlebnis und wartet auf das nächste. Was glauben Sie, wie viele Züge ich schon verpaßt hätte, wenn's keine Rentner gäbe!

Stop.

Sag doch mal, wie es unserem Purzelchen fein schmeckt!

3
Die verdammte Einsamkeit!

Also, wir haben doch da so einen Forschungsauftrag. Betreffs Einsamkeit der Alten, Isolation und Abhängigkeit, eingeschränkter Interessenradius und was sie tun, wenn sie nichts tun. Achtseitiger Fragebogen, den wir Studenten mit alleinstehenden Durchschnittsalten durchackern sollen.

Ich kriegte eine Frau Wuller an den Hals, Erika Wuller, 71 Jahre alt, verwitwet, 1.290 Mark Rente, das ist so ungefähr der Durchschnitt. Wohnt in Mönchengladbach, Reihenhaus, Fan von Borussia, na klar.

Setzen wir uns doch, sagte ich in der guten Stube zu der alten Dame, und je länger das Gespräch dauert, sagte ich, um so kürzer wird die Einsamkeit.

Ach ja, stöhnte sie, die Einsamkeit! Die macht den Betagten zu schaffen! Mir auch. Aber setzen? Nä, setzen is nich. Ich muß bügeln, das sehen Sie doch. Meine Freundin kann 'ne ganze Menge, aber bügeln kann sie nicht. Nun kauft sie für mich ein, und ich bügle ihre Blusen. Das ist eine ganz Penible, meine Freundin, besonders mit den Rüschen. Sehen Sie mal hier, da muß Schißlaweng rein, das darf nicht runterhängen wie 'ne Traube für den Eiswein.

Ja, sagte ich, aber so ein paar Blusen, nicht wahr, die haben ja einen sehr beschränkten Interessenradius, und wenn die nun glatt sind, dann überfällt Sie doch ein verstärktes Einsamkeitsgefühl, wie ich es mal so in den Raum stellen möchte.

Ratatata für Enkel Addi

Ja, sagte Frau Wuller, das kenn ich, und zwar aus der Versandabteilung, in der ich tätig war. Da stand ich den ganzen Tag an so einem Band und mußte immer Kleidergröße 42 in die Kartons packen, und wenn das Band mal stehenblieb, weil es kaputt war, dann überfiel es mich. Beschränkt ist da gar kein Ausdruck. Und nun gehn Sie mal 'n bißchen zur Seite, damit ich an die Nähmaschine komm, weil da ein paar Hosen sind, die ich kürzer machen muß, Jeans für meinen Enkel Addi. Das muß nämlich ratatata gehen, weil er nachher vorbeikommt und weil ich bis dahin auch nachrechnen muß, was er mit

Ich lasse mich gern von Vertretern wie Sie unterhalten. Meinem Seligen habe ich versprechen müssen, aber keinem etwas abzukaufen!

dem Computer addiert und subtrahiert und dann verschiedene Male malgenommen hat. Unsereiner rechnet ja noch im Kopf und kann nicht sagen, der Computer habe einen Kurzen, wenn was anderes raus- als reinkommt.

Aber, sagte ich, das ist doch nicht Ihr Bier, liebe Frau Wuller. Sie können doch stattdessen wunderbar die Folgen fehlender Rhythmisierung und den Isolationsfrust wegen der unbefriedigten Vergangenheit abbauen, wie es hier im Fragebogen vorgeschrieben ist.

Der Freizeitfrust

Da haben sie auch wieder recht, sagte Frau Wuller und bewegte ihre Stricknadeln so schnell, daß ich sie nicht mehr sehen konnte. Da haben Sie wirklich recht mit dem fehlenden ...wie Sie schon sagten und dem Frust, der uns Alten zusteht. Aber ich muß ja für meinen Nachbar den Lottoschein wegbringen, weil der gute Mann dauernd auf dem Arbeitsamt rumsitzt, und manchmal muß ich seinen Schein sogar selber ausfüllen, und neulich hatte er dadurch vier Richtige, das waren mal eben 25,85 Mark, und was glauben Sie, wie der Mann sich gefreut hat!

Oh, freute auch ich mich, da hätten wir ja einen schönen Ansatzpunkt für meinen Fragebogen, denn der 25,85 Mark wegen ist bestimmt Ihr Bedürfnis nach ständiger Anerkennung befriedigt worden, wie es unseren älteren Mitbürgern vorgeschrieben wird, ihr Verlangen nach dauerndem Umsorgt- und Betreutwerden.

Stimmt ja, stimmt ja, nickte Frau Wuller, das Bedürfnis ist lebendig, sehr lebendig sogar. Deshalb kriege ich doch immer die Hunde und die Katzen,

wenn die Nachbarschaft verreist. Neulich, lieber Mann, hatte ich den Zwergpinscher von Micks nebenan und die Perserkatze von Mucks ein Haus weiter, und die verhielten sich genauso wie Micks und Mucks, die wie Hund und Katze sind, und dazu kam noch der Papagei, den mir meine Freundin, die mit den Blusen, in Pension gegeben hatte, und der rief immer › Jetzt das Zweite Programm ‹ — also, wenn damit das Thema Umsorgen und Betreuen, wenn das damit nicht voll ausgeschöpft ist, also, dann weiß ich nicht mehr, wie die Linde rauscht.

Mißratener Durchschnitt

Ich strich meinen Fragebogen glatt und geriet mit dem Handrücken auf Seite 4 in die ökonomische und auf Seite 5 in die seelisch-geistige Abhängigkeit der völlig vereinsamten Alten. Gerade holte ich genügend Luft für zwei oder drei Punkte, als die Tür aufgerissen wurde und der Enkel Addi ins Zimmer stürzte. Hey, Oma, rief er, hast du alles nachgerechnet und aus meinen Jeans Bermudas gemacht?, und kannst du heute ausnahmsweise mal die Zeitungen für mich austragen?, und von Mutti soll ich dir sagen, daß der Geschirrspüler kaputt ist und ob du abtrocknen kommen könntest? Dann blickte er auf meinen Fragebogen und schlug mir auf die Schulter. Das ist gut, sagte er, daß sich endlich mal jemand mit der Einsamkeit befaßt. Ich leide auch darunter.

Wer nicht! rief ich gegen die Wand und ergriff die Flucht.

Jaja, hörte ich noch Frau Wuller stöhnen, wir hätten alle ein viel ruhigeres Leben, wenn die Einsamkeit nicht wäre!

Und als ich den Fragebogen abgab, leer wie ein Müsliteller nach dem Frühstück, da sagte unser Oberforscher: Sie sind völlig unbegabt, Sie mißratener Durchschnitt Sie!

Na, Opa – merkst du nicht, daß du im Wege stehst?
G. Bri

4
Endlich auf Touren

Na warte mal, wenn du Rentner bist!«

Ist das eine Drohung?

Du wirst schon sehen, was dir dann blüht! Nämlich nichts mehr. Kein Frühlingsbote und kein Sonnenhut. Keine Jungfernrebe und kein Tausendschönchen. Rumstehen wirst du wie der Herr Atlas, aber nicht den Himmel halten, sondern die Decke, die dir auf den Kopf fällt. Wirst einsam sein wie nie zuvor.

Ist es eine Verheißung?

Endlich wirst du Zeit für dich haben. Wirst dich entdecken. Dein Selbst verwirklichen wie ein Abziehbild. Kannst fahren, wohin du willst. Wirst nicht nur dich, nein, die ganze Welt mit anderen Augen sehen. Mit frisch gewaschenen, mit durch-und-durch-dringenden, mit Laser-Augen.

Ist es ein Trost?

Nun brauchst du nicht mehr zu rackern. Kannst deine Uhren verhökern und dich totlachen über deinen Terminkalender. Kannst auch mittwochs ausschlafen und brauchst nicht mehr zu deinem Chef hinaufzublicken, sondern nur noch hinunter auf das Loch in der Rentenkasse.

Ist es eine Beleidigung?

Jetzt wird man alter Zausel zu dir sagen oder eisgraue Greisin. Man wird jeden Satz mit »Du in deinem Alter« anfangen und dir nur noch Rotwein und warme Puschen schenken. Nichts mehr zutrauen wird man dir, es sei denn die Unverschämtheit, daß du deine Sparbücher rupfst.

182 500 mal gedacht

Oder ist es ein Glücksfall?

Weil du es erlebt hast! Ausgerechnet du! Und womöglich imstande bist, die durchschnittliche Lebenserwartung ohne Anlauf zu überspringen.* Und weil du endlich mal laut sagen kannst, was du in 50 Berufsjahren einhundertzweiundachtzigtausendfünfhundertmal gedacht hast: Nun leckt mich alle am Arsch! »Das habe ich auch gesagt, ganz laut, als mein letzter Zug abgefahren ist«, warf an dieser Stelle Berthold Neudorf ein, »aber ich habe nie ge-

* Für Frauen hängt — der guten Führung wegen — die Sprunglatte bei 77,1, für Männer, na ja, bei 70,5 Jahren.

Von nun an
können Sie
mich..., Chef!

glaubt, daß sie es auch wirklich tun werden. Symbolisch, meine ich natürlich.«

Neudorf war Auskunftsbeamter im Duisburger Hauptbahnhof. (»Nein, der Zugführer nach Hameln hat keine Gleichgewichtstörungen.« — »Ja, wenn es Ihnen lieber ist, dann fährt der Intercity eben 24.13 Uhr und nicht 0.13 Uhr ab.«) Jetzt ist Berthold Neudorf pensioniert und glättet sein Kursbuchgesicht. Statt Männchen malt er die Stewardessen des TEE Rheingold aufs Papier und entläßt seine Gedanken in alle Welt.

»Ich dachte mir: Fährst mal ein bißchen umher, schön allein, von keinem bedrängt. Hatte es satt, immer knapp an mir vorbeizureden. Mein Selbst verwirklichen — ja, das wollte ich. Selbstfindung und so. Aber wo?«

Ein Rucksack voll Sehnsucht

Da verkündete einer namens Keyserling: »Der kürzeste Weg zu sich selbst führt rund um die Welt.«

»Dachte ich mir doch«, nickte der Kursbuchexperte und plante für die Lüneburger Heide. »Ich kaufte mir ein Schmetterlingsbuch und ›Welcher Halm ist das?‹ und ›Was bäumt sich da auf?‹ und dazu einen passenden Rucksack. Nachholbedarf. Kaum war ich aus Lüneburg raus, fuhr mich ein Omnibus an. Dreißig Rentnerinnen und Rentner, die einen in Rheumadecken gehüllt, die anderen mit

Gratisketten behängt, zogen mich in den vollklimatisierten Wagen. Gleich gibt's warmes Essen, hörte ich, und der junge Mann da vorn hält einen Vortrag. Hielt er auch. Er sprach über Sauerstoffwannen, die Blasen machen, über Fußwärmer, die einheizen, und Salben, die Apotheker ersetzen. Als ich wieder daheim war, hatte ich drei Abzahlungsverträge und einen Bon für einen Senioreneinkaufsdampfer in der Tasche.«

»Und die Schmetterlinge und die Halme?«

»Ich hab diese Bücher weggetan. Hab mir ›Muscheln, die dich grüßen‹ und ›Seevögel und was sie dir zu sagen haben‹ gekauft. Ich dachte, ich könnte mich bei ruhiger See in meinem Spiegelbild entdecken. Aber auf dem Seniorendampfer war ein Gedränge, das einem jede Sicht nahm. Sogar die Einsicht. Um meine blauen Flecke zu rechtfertigen, habe auch ich zwei Plastiktüten mit zollfreien Waren gekauft. Als Waffen. Man muß sich ja nicht alles gefallen lassen.«

»Und nichts mit Muschelgrüßen und Seevögelplausch?«

»Die Bücher waren kaputt, zerfleddert im Kaufrausch. Weiter weg! hab ich mir da gesagt, und nicht immer fahren, wenn alle fahren. Im ›Wegvomfenster-Weltatlas‹ habe ich einen kleinen Klecks gesehen, der lag im Pazifischen Ozean und hatte ein bißchen mein Profil. Ich trennte mich von meinen Bundesschätzchen und kaufte das ›Fotowerk der 1000 Inseln‹, den ›Korallenwegweiser‹ und die ›Futterfibel für Wale‹. Die Insel, der kleine Fleck mit meinem Profil, soll ja sehr schön sein. Aber ich hab nur Überwinterer und Übersommerer gesehen. Ich konnte nicht mal geradeaus laufen, weil alle mit mir schunkeln und ›Einmal am Rhein‹ singen wollten. Aber was das schlimmste war: Eine ältere Dame fragte mich, ob sie mit dem Eilzug 8.27 Uhr ab Duisburg Anschluß nach Nienburg hat.«

»Und das Strandleben der Wale?«

»Der Strand war gesperrt, weil sie da jetzt Appartements bauen. Davor Riesentafeln mit Platens Spruch: Nur Einsamkeit ist Vollgenuß des Lebens.«

»Dann hat Goethe also unrecht, wenn er sagt: Wer sich der Einsamkeit ergibt, ach, der ist bald allein.«

»Diese unmenschlichen Verallgemeinerungen immer! Ich hab mir jetzt ganz neue Bücher gekauft: ›Kurzreise zu dir selbst‹, ›Weißt du, ob du bist?‹ und das Gedankenlexikon. Und einer hat mir den Tip gegeben, daß man sich auf den Klippen von Howdu zeilenweise konzentrieren kann. Da will ich jetzt hin. Man muß das bißchen Zeit ja nutzen.«

Berthold Neudorf schlug sein dickes Kursbuch auf und kritzelte lange Kolonnen von Fahr- und Fährverbindungen. Er wußte nicht, daß auf den Klippen seiner Sehnsucht gerade die größte Touristenstadt der Welt gebaut wird.

Was bist du denn so nervös? Seit heute bist du doch Rentner!

5
Zeit, sich kennenzulernen

In der »Morgenpsycho« hat Frau Dr. Urs van Werden, die vieldiskutierte Autorin der Serie »Mann und Frau im Wechselbad«, einen Artikel über den gemeinsamen Rentnerstart berufstätiger Ehepaare veröffentlicht. Sie bezieht sich dabei auf die Tagebücher von Frau und Herrn S.* Diese Dokumente hat die I-Love-Redaktion aufgekauft, um sie aus dem Verkehr zu ziehen. Wie gut dieser Entschluß war, sollen die folgenden Auszüge beweisen:

Frau S. am 1. April:

Endlich frei von Köpper & Co.! Endlich höre ich nicht mehr dieses entwürdigende »Aber Fräu-

---

* Buchstabe von der Redaktion geändert.

lein...«, wenn die Weiber sich beim Einkauf übernommen und auf meine Kassenzettel geglotzt haben. »Fräulein« zu einer 60jährigen, die 26 Jahre lang Kassiererin war! Das schlaucht. Aber nun krieg ich 612 Mark Rente und 200 Mark von der Ladenkette, und Willi kriegt über 900, und was er vom Betrieb kriegt, das sagt er mir nicht. Ach, wie schön! Zum ersten Mal konnten wir an einem Montag ausschlafen. In meinem Bett, weil Willi das Bedürfnis hatte. Und nun machen wir nicht nur das, nun machen wir alles gemeinsam! Rentnerzeit, glückliche Zeit. Morgen fang ich an zu stricken.

Nun er, und dann wieder sie

Herr S. am 2. April:

Blöde Kiste. Heute bin ich wie immer 6.50 Uhr wach geworden, hab mir ein Gänsefettbrot gemacht, mich dabei angezogen, bin wie immer 7.05 losgefahren und war 7.15 an der Kreuzung am Damm. Da hupt's neben mir, und einer dreht die Scheibe runter und fragt: Willi, willste nach Teneriffa? Da hab ich's erst gemerkt. Daß ich seit zwei Tagen in Rente bin, ich Idiot. Die hätten mir doch alle den Vogel gezeigt, wenn ich wie immer im Halbschlaf in Borgers Tischlereibetrieb hineingetrant wäre! Elfriede hab ich das nicht gesagt, sonst heißt's wieder: Biste nun mit mir oder mir Borgern verheiratet. Ich hab drei Brötchen geholt und gesagt: Ich wollt dich mal überraschen.

Da hat sie gesagt: So hab ich mir das Rentnerleben immer vorgestellt. Da hab ich nun wieder gesagt: Ich war nur die Ausnahme von der Regel.

Frau S. am 17. April:

Er wollte mal was Gutes tun, sagt Willi. Geht, während ich eine Bluse umtausche, in den Garten und scharrt wie ein Verrückter das Laub vom vorigen Jahr zusammen. Dabei hat er — ich könnte weinen — alle Triebe von meinen Tulpen und Narzissen geköpft. Das ist doch bescheuert. Nie hat er im Garten gearbeitet, wochentags war er schlapp und sonntags auf dem Sportplatz. Schön, er kann ja was tun, schon der Nachbarn wegen, aber vorher soll er mal Bio und Öko studieren und daß sich unter dem Laub die Gartennützlinge und die ganze Sommerpracht verbergen. Wozu hab ich den › Gartenkurier ‹ abonniert?

Herr S. am 10. Mai:

So! Jetzt hab ich's ihr gezeigt! Jetzt hab ich mir ein eigenes Beet angelegt, begrenzt mit Schwellen von der ehemaligen Industriebahn. Ich werde doch tun und lassen können, was ich will. Als 65jähriger! In meinem eigenen Garten! Der wird das Meckern vergehen, wenn alles 'rauskommt, was ich reingesteckt habe: Löwenmaul und Fleißiges Lieschen und Johannis- und Stachelbeeren. Gut, hat sie gesagt, das ist jetzt dein Beet, und dabei bleibt es!

Komm Miezi,
— Frauchen hat
etwas Besseres:
— Frisches
Schabefleisch!

Frau S. am 31. Mai:

Jetzt sind wir zwei Monate in Rente, und zum zweiten Mal schon hat Willi mit mir abgerechnet. Der muß sich heimlich Notizen machen, was alles kostet. Die Preise für das, was ich einkaufe, nimmt er aus den Werbeblättern von Spar und Aldi und sonstwoher. Früher, wenn ich ihn zum Einkaufen schicken wollte, hat er immer gesagt: Mach du mal, du bist Kassiererin, du kennst dich da aus. Und was hat er gestern gesagt: Am besten, du schreibst jeden Tag auf, was du ausgibst, und ich sammle die Zettel. Knickrig war er immer, aber jetzt ist er 'n Pfennigfuchser.

Herr S. am 5. Juni:

Schon wieder Krach mit Elfriede. Diesmal wegen Sonderangeboten. Gutmütig wie ich bin, hab ich 15 Büchsen runtergesetzte Fertiggerichte gekauft, 2,99 das Stück, und will ihr die 44,85 Mark vom Haushaltsgeld abziehen. Da hat sie gesagt: Friß das Zeug alleine. Nur, weil das Verfalldatum vom vorigen Monat war. Hinterher hat sie sich entschuldigt, aber nur wegen »Friß«. Nun essen wir getrennt. Ich in der Wohnecke aus der Büchse und sie am Küchentisch ihr Selbstgeschabtes.

Frau S. am 29. Juni:

Sonntag. Mach mir Gedanken, warum Willi so doof ist. Er hat in der Tischlerei immer nur Einzelteile bearbeitet; vielleicht liegt's daran, daß er keinen Überblick hat. Hab das früher nicht so bemerkt. Wir sind ja immer aneinander vorbeigelaufen. Gerade, daß er mir mal auf den Po geklopft hat und daß ich ihm mal einen Brösel aus dem Bart geklaubt habe. Jetzt hat er sich im Keller eine Bastelecke eingeräumt, und zwar so, daß ich nicht mehr an die Waschmaschine kann. Er will mich zwingen, die ganze Schmutzwäsche an die Automaten vom Center zu schleppen. Reine Schikane.

Herr S. am 14. Juli:

Ich schreib jetzt in meinem Hobbykeller. Elfriede schläft noch. Wir sind eben ganz unterschiedlich. Sie ein Langschläfer, ich ein Frühaufsteher. Aber soll ich nicht hämmern, nur weil sie noch schläft? Sie ist ja nicht allein in der Rente. Ich hab mir ja auch meine Freizeit ehrlich erarbeitet. Baue einen platzsparenden Allzweckschrank, so daß sich die Küche halbieren läßt. Will in der anderen Hälfte tischlern. Ich bin ja kein Kellerkind!

Frau S. am 2. August:

Ganz schlimm ist es mit dem Kulturellen! Einmal hab ich Willi mit in die Oper genommen. Fidelio. Da hat er dem Rocco den Vogel gezeigt und lauthals geschrien: Merkst du denn nicht, Sangesbruder, daß der dicke Fidelio ein mollertes Weib ist? Und als die Leute pssst! gemacht haben, ist er rausgegangen und

Bei dir piept's wohl... Früh um 6 Uhr solchen Krach zu machen!

hat ihnen zugerufen: Laßt euch ruhig verarschen, aber ohne mich! Wenn ich jetzt abends meine Platten höre, dann läuft er weg. Angeblich trifft er sich in der Kneipe mit seinen früheren Kollegen. Aber seine Hemden riechen nach Eau de Cologne, und das läßt tief blicken. Na warte! Rache ist süß!!

Herr S. am 29. August:

Elfriede ist weg. Gestern hat sie gesagt: Ich fahr allein in Urlaub, du weißt schon, warum. Da hab ich gesagt: Willst dich bloß vom Staubsaugen drücken, und du hast wohl 'n kleinen Mann im Ohr. Da hat sie gesagt: Und du hast 'ne große Frau am Hemd, und der kannste ja mal deinen Allzweckschrank zeigen, damit sie sieht, daß du nicht alle Tassen drin hast. Weg war sie. Richtung Mallorca. Ein bißchen tut sie mir leid. Wegen der Frau am Hemd. Wo ich doch bloß die Blume vom Pils geküßt habe. Ich leg mal mein Tagebuch auf die Treppe und laß es liegen, bis die wiederkommt.

Frau S. am 16. September:

14 Tage nahtlose Sonne! Das war mal was! Ich hab mich immer gewundert, wo die Wolken geblieben sind. Am dritten Tag hat sich ein Mann an meine Seite gelegt. Einer pour l'amour, und ich habe ihm auch von Willi erzählt, und da hat er mir davon abgeraten, künftig noch was aufzuschreiben. Das kann ich nun auch Willi nicht antun. Ich hab näm-

lich sein Tagebuch gelesen, als ich meinen Koffer ausgepackt habe. Er hat es aus Versehen auf der Treppe liegenlassen.

Herr S. am 17. September:

Elfriede hat mein Tagebuch gefunden und für vieles Verständnis, was ich nicht lassen kann. Sie hat mir auch einiges aus ihrem Tagebuch gezeigt. Von nun an wollen wir über alles reden und uns erst mal richtig kennenlernen. Die Tagebücher kommen aus dem Haus. Elfriede hat im Urlaub einen Mann aus Purlamur kennengelernt. Das ist ein leidenschaftlicher Sammler. Er sammelt Probleme und kauft Tagebücher auf. Ein Irrer also. Aber er zahlt so gut, daß wir damit unsere Silberne Hochzeit finanzieren können. Punkt. Schluß. Alles in Butter!

TAUCHER-
AUSRÜSTUNGEN
IN ALLEN
PREISLAGEN

6 Hobby muß sein

Ein Kleinkind, dem man das Spielzeug wegnimmt, lutscht am Daumen. Ein Großkind, dem man die Arbeit wegnimmt, darf das nicht. Deshalb braucht es ein Hobby, das die Arbeit ersetzt. Das Wort ist über den Großen Teich zu uns gekommen und hat das deutsche Wort Liebhaberei verdrängt. Vielleicht, weil viele das ei weggelassen und sich im fortgeschrittenen Alter ein Kuscheltier angeschafft haben, das sie dann nicht mehr versorgen konnten, oder einen Kuschelmenschen, der sich nicht wieder abschaffen ließ, jedenfalls nicht so leicht wie ein Hobby.

Ganz schlimm ist dran, schreibt der Psychologe vom Dienst, wer der Aktivitätsatrophie verfällt und Körper und Geist verkümmern läßt wie das gemeine

Volk die Lesezirkel. Rehabilitätsmaßnahmen sind notwendig, schreibt der Psychologe vom Dienst, einerseits als Geroprophylaxe und andererseits als Therapeutikum.

Als Walter Dorfmüller, gerade pensionierter Baumschulgärtner, das las, verstand er die Welt nicht mehr. Er blätterte drei Tage lang im Fremdwörterlexikon und hatte damit sein erstes Hobby. Doch das befriedigte ihn nicht. Er begann zu wandern. Aber wohin er auch kam, begegnete er Bäumen, die bei ihm in die Schule gegangen waren. Sie wedelten ihn freundlich an und wollten hier und da beschnitten werden, der eine an der Krone, der andere an der Wurzel. Dorfmüller, nun selbst dem Hang zur Verjüngung verfallen, kam dem verständnisvoll nach, wurde aber wegen Sachbeschädigung sowohl des Waldes als auch der Obstplantagen verwiesen.

Tauchen im Mittelmeer

Da erst kam er darauf, seine dritte Lebensphase einem Element zu opfern, das ihm bisher nur gebändigt, in Gießkannen und Schläuchen, begegnet war. Also setzte er sich in die Badewanne und freundete sich mit dem Wasser an. Das war doch was! Sein Hals wurde von der Deutschen Bucht umspült, seine Hände wühlten sich durch den Kanal, seine Hüften wogten im Golf von Biscaya, und mit den Füßen plätscherte er im Atlantik. Er nahm die Zeitung vom Badewannenrand und faltete ein Schiffchen. Gerade wollte er es in die Richtung pusten, wo sein rechtes Knie ein Eiland bildete, als ihm der Atem stockte. An der Breitseite des Schiffes war ein Inserat. Lernen Sie tauchen im Mittelmeer! stand da. Ein Zeichen des Himmels!

Walter Dorfmüller vergaß das Abseifen, stieg naß ins Hemd und rief das Reisebüro an. Ob er schon eine Ausrüstung habe, fragte ein Säuselstimmchen. Nein, sagte Dorfmüller, nur den guten Willen. Da säuselte es ihm ins Ohr, das sei so gut wie alles, und die Zutaten lägen in der Cala Portinatx für ihn bereit. Nichts wie hin, sagte sich Dorfmüller. Er verabschiedete sich von Freunden und Kollegen und zerstreute einige Bedenken mit dem Hinweis, daß Leni Riefenstahl, die bunteste aller Taucher, erst mit 71 Jahren begonnen habe, in die Tiefe zu gehen. Na, was denn: Er sei erst 66, und morgen fliege er nach Ibiza, ohne das es keine Cala Portinatx gäbe.

Reißverschlüsse sammeln

»Sechsundsechzig?« staunte die Tauchlehrerin in der Cala, »aber lieber Mann, es gibt doch auch andere Hobbys. Warum sammeln Sie nicht Bierdeckel oder Reißverschlüsse?« Und dann bestand sie auf einer tauchsportlichen Untersuchung und ließ amigo Walter jeden Tag probeschwimmen.

Dorfmüller schrieb die erste Postkarte:

Lieber Karl, Tauchen ist die Wucht! Schon als ich nach dem ersten Tiefgang wieder hochkam, wußte ich, daß ich Schatzsucher werde! Da unten blinkert es nur so von Gold und Edelsteinen! 100 Millionen Mark liegen verstreut auf dem Meeresgrund. Karl, die Augen gingen mir über! Kriegst auch was ab von meiner Auflese. Schade, daß Du nicht hier bist!

Der Arzt ließ Dorfmüller die Luft anhalten und dann wieder tief weiteratmen. Er ließ ihn 30 Kniebeugen machen, pustete ihm durch die Nase, ging ihm auf die Nerven und ans Trommelfell und schrieb sieben Kapitel in den Ärztlichen Untersuchungsbogen. Dorfmüller schrieb die zweite Postkarte:

Lieber Otto nebst Freundin, Du als Gärtnerkollege kennst die Farben der Natur. Denkste! Ich weiß jetzt, daß die ganze Natur erst 20 Meter unter Normalnull beginnt. Die Fische, die grün hinter den

Ohren sind und rot vor Freude werden, wenn ich ihnen die Flosse reiche — die müßtest Du einmal sehen. Schade, daß Du nicht hier bist!

Die Tauchlehrerin war mit der ärztlichen Untersuchung so lala zufrieden und machte den gut erhaltenen Rentner nun mit der Atemtechnik vertraut. Walter wandte ein, daß er schon 66 Jahre lang atme und gut damit zurechtgekommen sei. Nützte nichts. Er mußte sechs Stunden lang Tauchmedizin und sechs Stunden lang Taucherphysik studieren. Nachts träumte er von Bronchialhauptästen, die ihm so lange im Wege lagen, bis er sich wachstolperte. Dorfmüller schrieb die dritte Postkarte:

Was sagt der kleine Mann im Ohr?

Liebe Schwester Anneliese, ich komme gerade von einem Schimmerfischschwarm aus 8 Meter Meerestiefe, wo ich durch rhythmisch wechselnde Ein- und Ausatmung die Männchen von den Weibchen getrennt habe. Das gehört zum Zwischenrippenmuskulaturtraining von uns Tauchern, und ich kann auch Dir nur raten, durch ständige Erneuerung der Luft Deinen Brustkorb elastisch zu halten. Schade, daß Du nicht hier bist.

Walter Dorfmüller wurde nun mit Taucherkrankheiten vertraut gemacht. Da gibt es eine große Auswahl. Das Trommelfell kann trommeln, der kleine Mann im Ohr kann protestieren, Zahnfüllungen können herausgesprengt werden. Als die Tauchlehrerin bei der Flachwasserbewußtlosigkeit war, wurde Dorfmüller blaß, und als der Tiefenrausch an der Reihe war, wurde er auf seinem Klappsitz von allen Symptomen befallen, die in 30 Meter Wassertiefe auftreten. Er fühlte sich beschwipst und so euphorisch, daß er mit der Tauchlehrerin die Donauwellen walzte.

Dorfmüller schrieb die vierte Postkarte:

Liebe Familie Kreuzburg! Ich hätte mich schon lange gemeldet, wenn wir Taucherfreunde nicht einen Unterwassermarsch zur benachbarten Insel Formentera unternommen hätten. Das braucht seine Zeit, weil wir oft von Fischumzügen aufgehalten wurden, die dumme Plakate gegen angelnde Touristen trugen. Übernachtet haben wir auf kleinen Inseln, weil der Unterwasserschlaf noch in der Entwicklung steckt. Auch oben herrliches Wetter! Schade, daß ihr nicht hier seid!

Nun noch Flossen

»So«, sagte die Tauchlehrerin am Ende der zweiten Woche, »jetzt kriegen Sie Flossen, Ihre Maske und Ihren Schnorchel.« Dorfmüller wurde an ein Kinderschwimmbecken geführt, blieb mit den Flossenblättern am Boden kleben und erstürzte sich eine geschwollene Nase. Fachgerecht bespuckte er seine Maske, deren stramme Bänder ihm dann leider das

Sie stellen sich selten dämlich an – dazu noch als Mann!

rechte Ohr aufrissen. Doch unbekümmert nahm er die Beißwarzen des Schnorchels zwischen die Zähne und ließ sich zentimeterweise ins Wasser sinken. Das erste, was ihm vor die Brille kam, war ein Wasserfloh. Der verhielt sich so aggressiv, daß der Taucheleve in die falsche Richtung atmete und bedauerte, keine Kiemen zu haben. Voll des sauren Wassers kam er wieder an Land.

Ein Wirbel von Blasen

Dorfmüller schrieb die fünfte Postkarte:

Liebes Liesbettchen, wohin ich auch tauche, an der Insel der Seligen oder am Kap der guten Hoffnung, immer habe ich Dich vor Augen. Wenn ein Schmelzschupper an meiner Seite dahingleitet, beschnorchele ich ihn, weil er sich bewegt wie Du in der Waagrechten. Hier unten, wo sich nicht einmal die Füchse Gutenacht sagen, wären wir beide endlich so allein, wie es uns viel zu selten zwischen den Fichten des dritten Schuljahres vergönnt war. Kennst du Fisches Nachtgesang von Morgenstern? Den kannst du in jeder Bucht hören. Schade, daß Du nicht hier bist.

Die Tauchlehrerin gab nicht auf. Einmal wenigstens sollte der liebe Walter sehen, was sich unter Wasser so tut. Und endlich, im zweiten Monat, war es soweit. Sie legte ihrem bejahrten Schüler das Tauchgerät an, paddelte mit ihm hinter die Klippen und ließ ihn an einer der schönsten Stellen rückwärts abrollen. Aber nicht tiefer als 5 Meter! rief sie ihm nach. Es wurden keine zwei. Die Tauchlehrerin sah einen Wirbel von Blasen, stürzte sich ins himmelblaue Meer und zog Dorfmüller mit einem Aufwand, der für einen Schleppkahn mittlerer Größe gereicht hätte, wieder an den Strand.

Es half nur eine Mund-zu-Mund-Beatmung. Die Tauchlehrerin konnte das, und Walter gefiel es so gut, daß er nie wieder zu sich kommen wollte. Erst als sein Mund geschwollen war, schlug er die Augen auf und sagte: »Als ich nach unten blickte, wähnte ich mich auf einem Kirchturm. Gibt es denn kein gemütliches Sofa auf Ibiza?« Die Tauchlehrerin schlug Walterchen vor, bei ihr zu bleiben. Als Gerätewart, einerseits, und andererseits — na ja, wie es eben so kommt. Dorfmüller schickte nun nur noch ein Rundschreiben:

Ihr lieben Freunde, ich zähle nun zu den Fortgeschrittenen, die das Hobby zu ihrem Beruf machen. Es besteht hier der Plan, einen Unterwasserpark anzulegen. Mein Vorschlag, ihn in der Sanssouci-Manier zu gestalten, wurde so gut gehalten, daß ich die nächsten Jahre unter Wasser verbringen muß. Ich schreibe erst wieder, wenn die ersten Tauchführungen für Naßtouristen stattfinden, und ich hoffe, daß ich dann in alter Frische luftblasen kann: Schön, daß Ihr da seid!

Jahrgang 1920
Du mit deinen altmodischen Ansichten gehörst in ein Museum, Opa!

7
Auf ins Rentner-museum!

Was der Mensch gern hat, packt er in ein Museum, auf daß sich seine Freude fortpflanze bis an den Jüngsten Tag. Oldtimer packt er hinein, Buddelschiffe, Tabakpfeifen, Solinger Stahl und Solnhofener Schiefer. Was vergänglich ist, stopft er aus. In Schöppenstedt steht Eulenspiegel, in Hameln der Rattenfänger und in Verden ein unvergessenes Pferd.

Ein Rentnermuseum lag bisher nur in der Luft. Im vergangenen Herbst wurde es von kundigen Zeitgeschichtlern auf den Boden der Tatsachen gestellt, den nun eine stillgelegte Betriebshalle bildet. Die Stichstraße am Rande des Rothaargebirges, die zu der mit Rentenbescheiden tapezierten Empfangshalle führt, ist zu schmal für Omnibusse. Teilnehmer an

Sonderfahrten müssen also das letzte Stück zu Fuß gehen und gleichen dann abgetakelten Vorgesetzten, denen man den Dienstwagen gestrichen hat.

Die Begrüßungsworte spricht ein Knappschaftsrentner in der schwarzen Zunfttracht aus dem 13. Jahrhundert. Er beginnt mit dem Hinweis, daß er das einzige Ausstellungsstück sei, das nicht ausgestopft ist. Das stimmt. Alle anderen Gestalten, die einzeln oder in Gruppen herumstehen, sind Kleiderpuppen in menschlicher Größe. Letzteres irritiert besonders die Leiter der Sonderfahrten, die beim Zählen der Teilnehmer jedesmal einen zuviel haben.

Typen wie im Katalog

»Der Mann zu Ihrer Linken«, beginnt der museale Führer, »ist ein Frührentner, heute ›Vorruheständler‹ genannt. Seine Schirmmütze trägt die Aufschrift ›Wachmann‹, seine Jacke ist staubgrau und hat uniformähnliche Metallknöpfe in der Art der Privatchauffeure. Manchmal — wenn sie an Imbißständen beschäftigt werden — tragen Vorruheständler weiße Küchenchefjacketts und gelegentlich sogar Kochmützen. Arbeiten sie in einer Bootsvermietung, legen sie sich auch phantasievolle Kapitänsuniformen und -mützen zu. Vorruheständler sind sehr beliebt, weil sie dem Arbeitsmarkt nicht verlorengehen. Nur der großen Verwandtschaft wegen arbeiten sie manchmal schwarz.«

Die Gruppe nickt wissend, blickt aber schon auf das nächste Mannsbild, das salopp an einer Säule steht.

»Sie haben ihn schon erkannt«, sagt der Knappe, »den sogenannten oder auch ›Allgemeinrentner‹. Seine Mütze hat ihn verraten: das ballonartige Gebilde, dessen Form aerodynamisch in einen stoffbezogenen Schirm übergeht, einfarbig oder kariert, mit oder ohne Bommel im Zenit. Der Volksmund spricht von einer Rentnermütze; anderswo, besonders in Berlin, wird sie auch Schieber- oder Schlägermütze genannt. Selbst im steifen Hamburg setzt sie sich durch, obwohl Altbundeskanzler Helmut Schmidt sich noch immer an der blauen Prinz-Heinrich-Mütze festhält. Die Ausnahme bilden mal wieder die Bayern, die ihr Leben lang beim grünen oder grauen Filzhut bleiben.«

Zwischenruf eines Besuchers aus München-Neuhausen: »Unter a Mützn krieng ma net olls drunter, was mir im Kopf ham.«

Der Knappe nickt, weil er es nicht verstanden hat, und fährt fort: »Ansonsten trägt der Allgemeinrentner — genauso wie der Altenteiler vom Lande — die Sachen auf, die er während seiner Berufstätigkeit geschont hat. So sieht er aus wie ein Herr — wäre da nicht die Mütze!« Einige der Zuhörer verstecken bei diesen Worten ihre Mützen unter ihren Jacken.

Der Bergmann a. D. zeigt nun auf eine weibliche Figur mit einem Jerseyturban und einem graubraunen Kostüm, zu dem alles paßt. »Da hätten wir das Gegenstück«, erklärt er, »die ›Allgemeinrenterin‹ mit selbsterarbeitetem Rentenanspruch. Sie trägt, wie Sie sehen, eine Plastiktüte mit Firmenaufdruck. Darin befinden sich: etwas zum Essen und etwas zum Lesen, eine Brille, Papiertücher, ein Ersatzpaar Schuhe, verschiedene Tabletten und Strickzeug. Man sieht diesen Typ oft auf städtischen Ruhebänken lesend oder strickend, an Gewässern Vögel fütternd, in Warenhäusern Kleidungsstücke anprobierend, in Cafés oder öffentlichen Verkehrsmitteln in ihrer Tüte wühlend. Auf den Hund, den kleinen Mischling, den sie im linken Arm der Dame sehen, redet sie immer dann laut ein, wenn jemand in ihre Nähe kommt.«

Ein Besucher stolz: »Meine Frau trägt keinen Turban, nur selbstgemachte Strickmützen. Die Wolle, die sie dazu braucht, spart sie an der Frisur.«

Der Museumsführer bittet zur nächsten Gruppe. »Dieser Herr hier ist ein ›Pensionär‹. Auf den ersten Blick sehen Sie ihm die bessere Klasse an.* Er ist noch nicht lange in Pension, denn er trägt noch ein weißes Hemd, Krawatte, Weste, Bügelanzug, peinlich geputzte Schuhe und einen Hut. Dazu einen

* Der Grund dafür liegt in der Statistik. Nach einer Untersuchung des Rheinisch-Westfälischen Instituts für Wirtschaftsforschung verfügen Pensionäre, also ehemalige Beamte, über ein doppelt so hohes Einkommen wie die Haushalte von Rentnern und sonstigen Nichterwerbstätigen.

schwarzen Aktenkoffer, in dem er den SPIEGEL umherträgt. Erst Jahre später, wenn der Pensionär die Krawatte ablegt und die Weste gegen einen konventionellen Pullover eintauscht, bekommen seine Nachbarn mit, daß er nicht mehr im Berufsleben steht. Von Zeit zu Zeit wird er aber rückfällig. Dann verkleidet er sich, nimmt seinen Aktenkoffer wieder auf und läuft umher, als habe er geschäftlich zu tun.«

Einer aus der Gruppe starrt das Ausstellungstück an und sagt »Fatzke«. Das hätte er nicht tun sollen. Einer aus der hinteren Reihe fühlt sich angesprochen. »Na hören Sie mal«, verteidigt er den aufgetakelten Pensionär, »der hat bestimmt einen höheren Bildungsabschluß als Sie, wenn ich Ihnen einmal nahetreten darf, und demzufolge auch ein höheres Qualifikationsniveau!«

Nicht unübel, wenn man sorgenfrei von ihrer Witwenrente leben könnte!

Dem Mann, der Fatzke gesagt hat, gefällt diese Belehrung nicht. Mit aufgeblasenen Backen geht er auf den Qualifikationsvertreter zu. Da erweist es sich als praktisch, daß der Museumsknappe eine Grubenlampe dabei hat. Wie ein Haltesignal schiebt er sie zwischen die Meinungsträger und kommandiert:

»Wenden Sie sich lieber dem nächsten Ausstellungsstück zu. Das ist der einfachere Pensionär, der seine Laufbahn bei der Post, bei der Bundesbahn oder beim Militär hatte. Da er den größten Teil seines Arbeitslebens in Uniform verbracht hat, steht er hier in einem Sportdreß. Er hat die Nase voll vom Kleiderzwang und trägt so gut wie immer trittfeste Turnschuhe und seine beiden Jogginganzüge, einen im Sommer und den anderen im Winter.«

Jetzt murrt eine Betrachterin: »Wenn ich mit dem verheiratet wäre, wär ich es nicht mehr lange!« Sofort murren auch die übrigen Damen, verstummen aber, als der Erklärer auf das nächste Museumsstück zeigt, das er als die »Frau eines Rentners« vorstellt.

»Weil ihr Mann etwas Besseres war«, fährt er fort, »etwas, das zu seinen Lebzeiten nie so richtig zum Ausdruck kam, machte sie nach seinem Tod eine Anschaffung fürs Leben: Sie kaufte sich einen kleingelockten schwarzen Persianer, im Volksmund Witwenmantel genannt. Dazu ein schwarzes, topfartiges Gebilde aus pflegeleichtem Velours als sturmsichere Kopfbedeckung. Ferner eine modische Zweitfrisur und eine schwarze Handtasche, die sich — wie die Vornstehenden ausprobieren können — unternehmungslustig hin und her pendeln läßt. Dieser Typ Frau ist zukunftsorientiert, während der nächste dort im Erker eher vergangenheitsbezogen ist.«

Der Knappe bittet die Herren, sich nicht immer vorzudrängen, wenn es »um die Weiber geht«, und kommt dann wieder zur Sache.

»Ich stelle Ihnen also hier die ›gehobene Rentnerin‹ vor. Sie gehört in die Gruppe der Abteilungsleiterinnen bei Behörden oder privaten Unternehmungen, kann aber auch Lehrerin oder Chefsekretärin gewesen sein. Jedenfalls ist sie auch als Rentnerin noch immer bildungsbeflissen. Das sportliche Tweedkostüm, das sie trägt, ist mit einer Bluse kombiniert, deren Farbe wieder gut zur Baskenmütze paßt. Die Haare, schon ergraut, sind mit Blau- oder Rosaspülung modisch getönt. Die Schuhe sind teuer und zeitlos. Am Schulterriemen hängen eine Klapptasche und eine Kamera. Man sieht der Dame an, daß sie gern wandert und Reisen macht, um sich zu überzeugen, daß alles wirklich so ist, wie sie es immer geschildert hat.«

»Und die Frau daneben?« drängt ein junges Mädchen, das raus will ins Rothaar-Gebirge.

»Ja«, lächelt der Informant, »das ist unser Prachtstück! Es ist die ›Lustige Witwe‹, eine Frau, von der man weiß, daß sie ein Leben lang unter ihrem Mann gelitten hat und nun seine Rente verjuxt. Sie sehen, daß sie sich viel zu jung kleidet und für jede Modetorheit zu haben ist, um ›in‹ zu sein. Viel zuviel Schmuck, nicht wahr, eine alberne halbdurchsichtige Rüschenbluse, eine hautenge Hose über viel zu strammen Oberschenkeln und Schuhe mit hohen Absätzen, auf denen sie, wenn sie aus Fleisch und Blut wäre, kaum laufen könnte. Ich sage immer, daß sie aus Eitelkeit sogar auf die Vorzugstarife für Rentner verzichten würde.«

Der Knappschaftsrentner lacht so laut und so lange, bis einige einstimmen. Dann sagt er: »Dies war das Ende meiner guten Führung.«

»Aber aber«, wundert sich eine Dame mit Stirnband, »wo sind denn der Senior und die Seniorin?«

»Die haben wir nicht«, bedauert der Knappe, »weil sie ins Reich der Fabel gehören.«

Er nimmt seinen historischen Kopfschmuck ab und hält ihn so, daß man die Innenseite mit einem eingebauten Sammelteller für das Trinkgeld sehen kann. Aber die meisten drücken sich an ihm vorbei und kommen so in die Ausgangshalle.

»He, Sie!« ruft ein Herr mit Bommel zurück und macht sich damit zum Wortführer der Gruppe, »die Führung ist ja noch gar nicht zu Ende. Da stehen ja noch massenweise weitere Figuren!«

»Neinnein«, ruft der Knappe über die Köpfe hinweg, »das ist nur ein großer Spiegel!«

Da leert sich die Halle, als drohe sie einzustürzen.

Du – und ein idealer Rentner? Die Antwort sollte man mal besser mir überlassen!

8
Sind Sie der ideale Rentner?

Oder auch: die ideale Rentnerin? Es wird Zeit, diese Frage nicht länger in der Luft hängenzulassen. Nicht mal »Was bin ich?« hat ihr ein Schweinderl geopfert, das sicher einige der neun Millionen über Fünfundsechzigjährigen gern geschlachtet hätten. Nein, wir mußten einmal mehr auf die Amerikaner und insbesondere auf Professor Web Maunder aus Chicago-East warten, der schon seit Jahren den Leuten nachgegangen und endlich bei den Rentnern angekommen ist. Seine Art, Verschlüsseltes zu entschlüsseln, bewundern auch die Safeknacker. In ihrem Monatsblatt wurde er zur Schlüsselfigur erklärt. Hier seine Testfragen mit fünf wohlfeilen Antworten, von denen jeweils eine auf Ihr Bleistiftkreuzchen wartet.

1. Halten Sie sich noch immer gern auf Bahnhöfen auf?

a) Ja, da findet das Leben noch in vollen Zügen statt.
b) Nein, weil ich die Zugluft nicht vertrage.
c) Ja, weil auch ich eine Eisenbahn habe.
d) Nein, ich kann die Leute nicht weinen sehen.
e) Ja, ich suche jeden Anschluß, weil ich eine Seniorenkarte habe.

2. Verändern Sie gelegentlich Ihr Aussehen?

a) Was heißt gelegentlich? Täglich!
b) Nein, das würde mich häßlich machen.
c) Das würde ich nur tun, wenn ich auf einen Steckbrief käme.
d) Ja, versehentlich setze ich schon mal die Brille oder den Hut verkehrt herum auf.
e) Nur, wenn ich mich verletze.

3. Reden Sie, wenn Sie allein sind, gern mit der Telefonansage?

a) Ja, ich kenne alle, die was zu sagen haben und immer für mich da sind.
b) Nein, ich hasse es, wenn mich einer für dumm verkauft.
c) Ja, die wiederholen wenigstens alles, was ich nicht verstanden habe.
d) Nein, weil die so arrogant sind, daß sie meine Fragen nicht beantworten.

Gesucht!
105

e) Nicht mehr, seit die meinen Geburtstag vergessen haben.

4. Hören Sie jetzt öfter das Gras wachsen?

a) Nie, denn mein Prinzip ist: nichts hören, nichts sehen, nichts reden.
b) Ja, besonders gern englischen Rasen; der klingt am besten.
c) Leider nicht, aber ich erfahre alles von Leuten, die besser hören als ich.
d) Eine blöde Frage; muß man denn auf alles hören?
e) Nein, ich habe Kunstrasen auf der Terrasse.

5. Treffen Sie gern andere Leute?

a) Ja, wöchentlich auf Kaffeefahrten.
b) Gern nicht, aber oft.
c) Ja, am liebsten in der gemischten Sauna.
d) Nein, auf dem Seniorentreff sitzen doch nur Alte rum.
e) Ja, aber ich kann nicht besonders gut zielen.

So, nun haben Sie fünf Kreuzchen und das einmalige Vergnügen, in der folgenden Tabelle Ihre Punkte zu ermitteln und zu addieren.

	a	b	c	d	e
Frage 1:	2	5	3	4	1
Frage 2:	2	3	5	3	5
Frage 3:	1	5	3	4	3
Frage 4:	4	5	3	2	3
Frage 5:	1	5	3	4	4

Haben Sie die Summe und können Sie sie sich merken, bis Sie auf Seite 111 sind? Dort steht nämlich, was Sache ist.

Sie brauchen mir nicht unter die Arme zu greifen! Jch nehme es noch mit jedem Halbwüchsigen auf!
D

9
Ix für Senioren

Senioren sind lustig. Reiselustig, kauflustig, rundherum unternehmungslustig. Es gibt sie vorwiegend in Schlagzeilen. »Eßt Seniorenbutter und bleibt gesund!« »Gretel und Hans beim Seniorentanz!« »Senioren machen den Winter zum Sommer!«

Senioren sind etwas Besonderes, nämlich ein Pluraletantum, weil sie nur in der Mehrzahl vorkommen. Niemand, der sich in das entsprechende Alter vorgekämpft hat, protzt »Ich als Senior...« und hängt eine Lebensweisheit dran. Alle klagen nur »Ich als Rentnerin« oder »Ich als Rentner«.

Viele können es sich nur gelegentlich leisten, unter den Senioren zu verweilen, andere können es dauernd, und wieder andere könnten es, wollen es aber nicht, diese Snobs. Die Summe derer, die es können, ergibt unter dem Strich die Senioren. Aha, jetzt haben wir's: Senioren sind eine Kaufkraft. Da man aber nicht gern über Geld spricht, nehmen Senioren das Wort Senior nicht gern in den Mund.

Daran ist auch das Monatsblatt »Seniorensonne« zugrunde gegangen. Viel zu wenige wollten am Kiosk »Einmal Seniorensonne« sagen, obwohl sich die Redaktion alle Mühe gemacht hatte, dem Blatt Drall und Pep zu geben. Sie beantwortete Leserbriefe mit Fragen wie »Was trägt ein Zipperlein?« oder »Wohin stürzt das Alte?«, veröffentlichte Kreuzworträtsel in Mittelhochdeutsch und entsandte pensionierte Fernsehkorrespondenten in Überwinterungsgebiete.

Der Marktrenner

Kernstück jeder Ausgabe war die Serie »Verrentete Spätzünder«, in der Damen und Herren gefeiert wurden, die als Europawegjogger, Naivmaler, Parkentenfütterer oder Regierungsvorlagenvorschläger spätes Aufsehen erregt hatten. Letzter Gesprächspartner war Paul B., der Erfinder von Ix. Das Interview fand im »Gasthof zur Eiche« statt, dem Ziel einer der beliebtesten Kaffeefahrten für Senioren.

Die nun auch schon 62jährige Reporterin tippte auf einen Stoß von Bestellungen. *»Das Geschäft geht gut?«* meinte sie.

»Wir müssen aufstocken«, sagte Paul B. strahlend, »vielleicht gehen wir an die Börse.«

»Und die Kaffeefahrer bestellen, ohne Ix gesehen zu haben?«

»Aber ja. Weil sie einsehen, daß ich Ix nicht vorführen kann. Ich würde den Senioren nur die Zeit stehlen, die Ix sinnvoll ausfüllen soll.«

»Ist Ix zu groß?«

»Das kann man so nicht sagen. Dem einen mag es zu groß sein, aber dafür ist es dem anderen zu klein. Egal — Ix läßt sich, je nach Geschmack und Handfertigkeit, auf jede genehme Größe zurechtdrücken.«

»Kann man Ix essen?«

»Kann man, aber man wird lange daran zu kauen haben, und wenn es weg ist, müßte man sich ein

Neu!
Ix
Universa
Nehme ich!

neues Ix besorgen. Ix ist nichts Ixbeliebiges. Ix ist unentbehrlich für Senioren.«

»Unentbehrlich? Warum, bitte?«

»Einige Gegenfragen, damit wir dem komplexen Thema näherkommen. Sollten auch Sie sich nicht etwas mehr bewegen? Und etwas mehr lesen? Und etwas mehr singen?«

»Eigentlich sollte ich manches etwas weniger«, bedauerte die Reporterin.

»Weniger Prozente trinken?« zog B. nach. »Weniger rauchen und weniger Salzstangen essen? Kein Problem.«

»Dann ist Ix ein Medikament?«

»Aber ich bitte Sie — in dieser Größe? Gewiß, es hilft gegen Mehltau und Blattläuse, läßt sich aber auch für den Grill verwenden, brät jede Ixtrawurst und tilgt restlos überflüssige Pfunde. Sie können Ihr Geld gar nicht besser anlegen als in Ix.«

»Na, na!«

»Was haben Sie denn davon, in Ihrem Alter, wenn Sie Ihr Erspartes über die Sparkassen verstreuen? Kurzfristig bringt es nichts, langfristig überlebt es Sie!«

»He, he! Ich könnte mir verborgene Wünsche erfüllen! Man hat sich ja eingerichtet fürs Alter und will das Leben, das man so lange, ohne etwas davon zu haben, versichert hat, nun endlich mal genießen — in Sternelokalen, in Kaufhäusern und am Lago di Lugano.«

»Aber doch nicht allein! Da müssen Sie Ix mitnehmen! Ix verdoppelt jeden Genuß. Tausende schon erleben alles intensiver, weil sie Ix haben.«

»Kann man auch Klavier darauf spielen?« fragte die Reporterin mit feinem Hohn.

Nichts, was Ix nicht kann

»Auch das«, bestätigt Paul B., ohne zu zucken, »aber auch Blockflöte oder Mundharmonika, wenn Ihnen das mehr liegt, und alles ohne Noten. Und um Ihrer nächsten Frage zuvorzukommen: Selbstverständlich kann man mit Ix auch fernsehen,«

Die Reporterin zündete sich eine Zigarette an. *»Ich fasse mal zusammen«,* sagte sie und machte Dampf, *»Ix ist also weder groß noch klein, man kann lange daran kauen, es ist unentbehrlich, wenn man etwas unternehmen oder etwas lassen will, vernichtet Ungeziefer, brät Extrawürste, macht schlank, ersetzt Musikinstrumente und Fernsehen und ist eine ideale Verzinsung für Leute, die mit ihrem Geld richtig umgehen können. Also, bei allem, was recht und billig ist — das gibt es doch nicht!«*

Paul B. hob die Schultern an. »Alles, was Sie Ix zuschreiben, stimmt zwar«, sagt er, »aber Ix kann noch mehr. Ix läßt Versäumtes nachholen. Ix bügelt aus, was man bereut. Ix sortiert die Träume, die man noch hat. Auch Ihre Träume — wenn Sie bitte hier unterschreiben wollen.«

Paul B. schob der Reporterin einen Bestellschein zu. Doch ehe sie das Kleingedruckte lesen konnte, wurde sie zur Seite geschoben. »Andere wollen auch mal ran!« drängte eine der anstehenden Kaffeefahrerinnen und riß den Bestellschein an sich.

Das gab der Dame von der »Seniorensonne« den Rest. Sie eilte davon und ging den Spuren nach, die Ix hinterlassen hatte. Doch als sie alles zusammen hatte für ihren sensationellen Beitrag »Lassen Sie sich kein X für ein U vormachen!«, wurde ihr (wie das auch Redakteuren anderer Blätter oft passiert) in letzter Stunde mitgeteilt, daß die »Seniorensonne« untergegangen ist und nie wieder aufgeht.
Das Gespräch war für die Katz.*

*Schade. Denn der Fall hätte ein Ixtrablatt verdient. Auch die Stiftung Warentest hat in ihrer Zeitschrift »Test« vor Rentenblendern gewarnt. Auf 20 Kaffeefahrten deckten Reporter schlimme Geschäfte mit gutgläubigen Senioren auf. So wurden z. B. Rheumadecken, die sonstwo für 200 Mark zu haben sind, für knappe 500, und Kochtopfsets, die sonst 420 Mark kosten, für 900 Mark an die Frau oder den Mann gebracht.

10
Aber meiner, das war einer!

Die Männer haben es gut. Sie sind viel häufiger Objekte posthumer Verherrlichung als die Frauen. Das liegt einfach daran, daß der Mann als Masse, wie es die Statistik nun einmal will, früher in den Himmel kommt und auf diese Weise der Möglichkeit enthoben wird, seiner Frau oder dem Plural davon Lorbeerkränze zu winden. So bleibt es den hinterbliebenen Damen überlassen, in welchen Rahmen sie die Traumbilder ihrer Seligen stellen.

»Also meiner, der war verrückt aufs Tanzen! Direkt von der Arbeit mußte ich ihn abholen, damit wir Anschluß kriegten an den nächsten 5-Uhr-Tee. Damals spielte ja noch der Barnabas von Gézy, und da konnte mein Mann mich beim Tango so richtig an sich reißen.«

»Wie meiner, wie meiner! Nur, daß der auch noch darauf aus war, immer auf dem laufenden — oder besser gesagt: auf dem tanzenden zu sein, mal mit dem Paso-doble-Hopser und mal mit dem Rumbastampfer. Wir haben sechs Nachhilfekurse für gestandene Ehepaare mitgemacht. Sechs! Aber Sie hätten uns danach mal sehen sollen. Mein Mann hatte einen Führungsstil! Der hat alle untergebuttert.«

So gesagt auf dem Seniorentreff in Hamburg-Eimsbüttel, der in gutwilliger Regelmäßigkeit in einer durch Plüsch und Papiergirlanden zweckentfremdeten Lagerhalle stattfindet. Die Tische werden zu 88 Prozent von Seniorinnen gehalten. Die männlichen 12 Prozent sitzen in Lauerstellung und prosten ihren Tanzstars zu. Mangels Männer haben sich die Frauen daran gewöhnt, miteinander zu tanzen. Den neuesten Diätplan im Sinn, der wieder einmal empfiehlt, den Butterkuchen durch ein Tänzchen zu ersetzen, geben sie sich dem Schneewalzer oder dem Sommernachtsblues hin. Man sitzt an Sechsertischen.

An dem Tisch, von dem die Rede ist, sind fünf Plätze besetzt. Der Discjockey macht Pause, um draußen die Nachrichten zu hören.

»Nee«, ruft Emmi M., 71 und wieder wie neu, ihrem Stuyvesant-Wölkchen nach, »das hat meinen Mann nie gestört, daß ich rauche. Im Gegenteil: Er hat mir überallhin die Aschenbecher nachgetragen.«

Danke, keinen Kuchen! Wir wollen abnehmen!

»Das hat meiner auch gemacht«, strahlt die Frau gegenüber, »aber doch nur, um weniger Arbeit zu haben, wenn er staubsaugen wollte.«

Emmi M. ergreift schnell wieder das Wort: »Meiner hat auch gesaugt. Aber damit nicht genug. Er hat auch gegessen, was ich gekocht habe, und er hat nie die Sportschau sehen wollen, wenn ich den anderen Kanal noch nicht voll hatte.«

Ein Herz und ein Rhythmus

»Das ist schon toll!« staunt die Frau zur Linken, die nur zum Treff gekommen ist, weil der Mann, den sie noch hat, einmal allein verreisen wollte.

»Allein verreisen?« jault Emmi M. auf, als sie das mitkriegt, »also, das hätte mir mein Bert nie angetan. Er war ein Gebirgsmensch, aber mir zuliebe ist er immer mit an die See gefahren, und während ich geplanscht habe, ist er in seiner Kniebundhose und seinen Bergstiefeln am Strand auf und ab gewandert. Ein Herz und ein Rhythmus waren wir. Ich konnte anziehen, was gerade Mode war, immer hat er gesagt: Gut siehst du wieder aus. Mit dem Wirtschaftsgeld konnte ich machen, was ich wollte, und den Hochzeitstag hat er sowieso nicht vergessen, weil wir dann immer...«, Emmi M. nippt erst mal an ihrem Aquavit, aber nur kurz, um den Faden nicht zu verlieren, »... na ja, er hat sowieso nicht nach anderen Frauen geguckt. Er war monogam, durch und durch.«

Da lacht hinter ihrem Rücken eine Sechzigerin auf, die da schon länger steht. »Nun reicht's aber«, sagt sie in den Schock hinein, den sie der Runde versetzt, »der Bert war doch dauernd hinter mir her; der hatte doch nichts anderes im Sinn als seine Solotouren, und der Krach, den ihr beide hattet, Tag für Tag und Nacht für Nacht, der liegt mir noch jetzt in den Ohren!« Mit breitem Lächeln erklärt die Neue allen, die es hören wollen: »Ich bin nämlich, solange Berti noch lebte, Emmis Nachbarin gewesen. Und nicht nur das. Ist der Stuhl da noch frei?«

Opa, du setzt dich jetzt gefälligst in deinen Lehnsessel! Das wäre ja noch schöner, wenn wir uns nicht um dich sorgen würden!

11
Ich bin ja nun Opa!

Dem Längsschnittforscher Onditt, bekannt geworden durch seine Forschungsansätze zu Fragen der Langlebigkeit, fiel am 5. Juni in Wuppertal ein Mann von schätzungsweise 1,70 Meter auf, der strammen Schrittes durch die Mauerstraße ging und beim Einbiegen in die Ritterstraße plötzlich in sich zusammensackte und seinen Weg in gebückter Haltung fortsetzte. Und das auf waagerechtem Bürgersteig bei völlig normaler Temperatur und absoluter Windstille!

Onditt sah in dem Mann, dessen freundliche Miene sich gerade in eine griesgrämige verwandelte, einen neuen Forschungsansatz. Er überwand die den meisten Wissenschaftlern eigene Zurückhaltung in heiklen Fragen und sprach ihn an. Was mit ihm los sei, wollte Onditt wissen, und zwar sowohl sozioökonomisch als auch psychomotorisch, und ob er gerade einen daseinstechnischen Schock erlitten habe. Der stark reduzierte Mann murmelte im Weiterhumpeln »Hau ab, ich habe kein Kleingeld dabei«, wurde aber zugänglicher, als der Forscher deutsch auf ihn einredete.

»Ach so«, sagte er und straffte sich etwas, »tja, ich bin ja nun Opa!«

Wie aus der Fernsehserie

»So plötzlich?« wunderte sich der Längsschnittexperte.

Der Opa nickte. »Ich gehe zu meinen Enkeln.«

»Aber... aber die kriegen doch dann ein ganz falsches Bild von Ihnen.«

»Im Gegenteil. Lesen Sie keine Familienromane? Sehen Sie keine Familienserien?? Ich bin der einzig richtige Opa. Der Opa, wie er im Buche steht. Der Höchstsehbeteiligungsopa.«

»Höchstsehbe...?« Das Wort kannte der Forscher noch nicht. Es war ihm bisher weder längs- noch quergeschnitten unter die Schildpattbrille gekommen.

»Dann stellen Sie sich mal da hinter den Busch«, schlug der alte Herr vor, »und beobachten Sie, was im Garten hinter dem Haus vorgeht, wenn ich die Arena betrete.«

Zögernd ließ sich der Forscher einweisen. Er hatte sich kaum in Position gebracht, als ein Freudenschrei den Rasen in seinem Blickfeld erzittern ließ:

»Utchen! Kay-Christof! Unser lieberlieber Opi Wolfi kommt!«

Der Beobachter schob ein weiteres Blatt zur Seite, um den vollen Durchblick zu haben. Da sah er den Opi Wolfi um die Ecke schleichen. Er stützte sich auf einen Krückstock, den ihm die junge Frau, offenbar seine Schwiegertochter, in die Hand drückte. »Komm in den Lehnstuhl, Großväterchen«, sagte sie, ihn von hinten stützend, »ich habe deinen Lieblingsplatz mit meiner Bettdecke gepolstert.«

Die Kinder, Utchen in einem gestärkten Wallawalla, Kay-Christof in wadenlangen Jeans, riefen wie aus einem Munde »Hattu uns was mittebracht?« Opa Wolfi ließ sich gaaaanz vorsichtig in den Lehnstuhl rutschen und zupfte mit unsicheren Bewegungen zwei Riegel Kinderschokolade aus seiner Tasche. Klein-Utchen griff etwas zu hastig zu. »Wirf doch den Opa nicht um!« protestierte die Mutter und reichte ihm eine Schnabeltasse mit dem Bemerken: »Ich habe deinen Lieblingskamillentee gemacht und den Kuchen gleich in Häppchen geschnitten.«

Es kommt noch schlimmer

Kay-Christof brachte seinen ausgedienten Sabberlatz und schlang ihn um Opas Hals. Der japste und stöhnte und wurde erst still, als ihn Utchen fütterte und dabei immer »Happipappimachen!« sagte. »Nun erzähl mal den Kindern was!« schlug die immer lächelnde Schwiegertochter vor. »Von Aschenbrödel«, quakte Utchen. Opi Wolfi starrte ins Ungewisse und fragte mit vorgewölbten Lippen: »Von welchem Brödel?«

Er pochte so lange auf seine Vergeßlichkeit, bis Kay-Christof von seinem Computer schwärmte. »Alles verstanden?« fragte die Schwiegertochter hinterher. »Kein Wort«, hustete der Opa und schraubte die Spitze seines Zeigefingers durch den Gehörgang. »Und wie ist es mit dem Sehen?« erkundigte sich die junge Mutter. »Es geht, es geht«, gab der Opa Bescheid, »ich erkenne dich ganz genau: Du bist doch der Norbert!« Da lachten alle aus vollen Hälsen, denn der Norbert war gar nicht da, weil er der Vater war und einen Zwölfstundentag hatte.

Onditt im Busch konnte es nicht mehr mit ansehen. Er ließ die Blätter zusammenschlagen und ging an die Ecke Mauer- und Ritterstraße, um auf Opa Wolf zu warten.

Es dämmerte, als er kam. Hätte er nicht »Da sind Sie ja noch« gesagt, hätte ihn Onditt vorbeilaufen lassen. Denn der Opa sah gar nicht mehr aus wie einer, der im Buche steht. Er war wieder zehn Zentimeter größer, ging viel zu schnell und riß die Tür eines Sportwagens auf.

»Ich hätte da noch einige Fragen«, stammelte der Längsschnittexperte, »wegen der Altersphasenmotivierung und des gerontologischen Umweltverhaltens. Sie bieten dazu ja einen ganz neuen Forschungsansatz.«

»Dann steigen Sie ein und schnallen sich an«, drängte der Mann, der Opa war, »ich muß zu einer Probe der Laienspielschar. Wir haben ›Stützen der Gesellschaft‹ im Plan. Ich spiel den Konsul, und meine Freundin spielt meine Frau. Oder wie ist's am Sonntag? Fahren Sie Rad? Dann können Sie mitkommen. Ich hab mir ein neues Sport-Tourenrad gekauft. 60 Kilometer mache ich am Tag. Das schaffen Sie doch? Oder?«

RaR
Rent a Rentner
Gut für alles!
Heim, Garten, Tanz, Theater u.s.w.
...Oder Herrn Maier, ehemaliger Reiseleiter, Zirkusreiter, Immobilienmakler, Weinimporteur und Tiefseetaucher – kurzum, ein guter Unterhalter!
Erwin Szkupski 71
Albert Maier 67
Karl O. Singer 65

12 Rent a Rentner

Euro ist ein Kürzel von Europa, Tech ein Mißklang von Technik, aber Rent hat mit einem Rentner nichts gemeinsam. Rent a Rentner — das ...

»Ja, was ist das nun? Eine Zweigniederlassung von Rent-a-Car?«

»Nein«, sagt der RaR-Chef, den wir nach dreijährigem Wirken befragt haben, »wir haben uns nur der Meinung angeschlossen, daß alles Erfolg hat, was sich der feinen englischen Art anpaßt. Mieten Sie einen Rentner! — wie würde das klingen? Abwertend, trennend, mißverständlich. Rent a Rentner soll nur entfernt an rent a car erinnern und damit den gehobenen Umgang mit sich selbst und der Umwelt andeuten. In den Anzeigen, die unser Unternehmen populär gemacht haben, heißt es: RaR hilft nicht beim Saubermachen, aber aus jeder Verlegenheit!«

»Wie haben Sie diese Marktlücke entdeckt?«

»Nun ja«, schmunzelt der RaR-Mann, »ich saß als Frührentner der Bundeswehr auf einer Bank vor dem Betonplatten-Schachspiel unseres Stadtparks und fand keinen Partner. Links von mir hockte eine Dame mit bläulichen Locken im Gras und hörte nicht auf, den Gänseblümchen die Blätter abzuzupfen und dabei › Er liebt mich, er liebt mich nicht ‹ zu murmeln. Rechts stand ein Greis in den besten Jahren und beugte sich noch immer über einen Zweig, auf dem vor Minuten ein Kohlweißling gesessen hatte. Und auf der Wiese hinter der Blumenrabatte lagen Rentner beiderlei Geschlechts und beschäftigten sich mit nichts anderem als mit dem Braunwerden. Es war wie im Panoptikum. Da machte es klirr bei mir.«

»Klirr?«

»Klirr macht es immer«, freut sich der RaR-Chef, »wenn mir etwas einfällt. Schon dreimal ist mir das auf meinem langen Lebensmarsch passiert.«

»Welche Gnade!«

Der Mann am Schreibtisch zeigt auf einen Briefestapel. »Was bei dem Einfall rausgekommen ist, sehen Sie hier. Lauter Bitten um Hilfen, die kein Arbeitsamt erfüllen kann. Ich greife mal blind in den Stoß hinein. Wie tief soll ich greifen?«

»Fünf Zentimeter bitte.«

Der RaR-Mann tut es und fingert einen himmelblauen Briefbogen heraus. »Hmhmhm. Da schreibt eine Dame: ... hätte ich gern einen Rentner, der mich beim Umtauschen begleitet. Ist nämlich so, daß ich mir hin und wieder Sachen kaufe, die ich gar nicht brauche. Um die wieder loszuwerden, ist eine Begleitperson vonnöten, die Respekt einflößt und mit BILD oder der Verbraucherzentrale droht, wenn es Schwierigkeiten gibt.«

Alles im Karton

»Ist so was ein Job auf Dauer?«

»Unser Psychologe sagt ja. Uns hilft da der Kaufzwang, der das Selbstwertgefühl aufmotzt. Es gibt ja auch die späten Witwen, die sich lang verdrängte Kleider- und Schmuckwünsche erfüllen und sich für den Theaterabend einen zum Kleid passenden Begleiter wünschen. Davon haben wir sechs in unserer Kartei.«

»Eine Kartei führen Sie auch?«

Eine Hand deutet auf mehrere Schuhkartons für Größen ab 46. »Da ist alles drin. Ein Rentner, der alleinstehende Frauen von einem Klassentreffen abholt und für alles geradesteht, was ihm im Verlauf des Treffens unterstellt worden ist. Er geht auch mit zum Bahnhof und winkt, wenn eine Singlefrau mit einer Reisegesellschaft in Urlaub fährt. Oder kommt als Besucher in ein Altenheim und lächelt an

Jede Modeberatung stößt sich an Ihrem Bauch!
Ihre Gattin hätte ohne Rücksicht verhindern müssen, daß es soweit kommt!

der richtigen Stelle, wenn die Kundin von der vorher abgesprochenen Jugendzeit erzählt.«

»Dann haben Sie also meist Frauen im Karton?«

»Keineswegs.«

Der Chef greift wieder in den Postberg und zieht einen linierten Briefbogen heraus. »Hier ein Beispiel. Hmhmhm. Wörtlich: ... ist nämlich immer meine Frau mitgegangen, wenn ich Jacke wie Hose sowie Unterwäsche gebraucht habe, und bin ich jetzt im Zustand des Alleinseins ehrlich unfähig zu wissen, was ich brauche. Bitte deshalb in allen Ehren um eine Dame meines Alters, die mit mir einkaufen geht. Sie müßte sich auf meinen Typ und meine verschiedenen Körpergrößen einstellen und zuletzt sagen können: Das nimmste und basta. Soweit der Brief. Die meisten Männer, das muß ich allerdings sagen, mißverstehen unsere Anzeigen und fordern Frauen an, die ihnen gegen ein gemeinsames Mittagessen die Möbel polieren sollen. Das ist nicht drin. Wir warnen vor Inseraten, die da lauten: Rentner für leichte Tätigkeiten gesucht! Dabei geht es meist um Schindereien, die sonst keiner machen will.«

»Schön und gut. Aber engt das Ihre Arbeit nicht entschieden ein?«

»Keineswegs.« Der RaR-Mann streichelt seinen Postberg wie ein friedfertiges Kaninchen. »Wir haben Fanclubs für Altstars gegründet, deren Mitglieder sich gegenseitig Autogramme geben. Außerdem einen Oldsingerclub, der einschlägiges Liedgut

— wie ›Wo sind deine Haare‹ und ›Meine Oma fährt im Hühnerstall Motorrad‹ — vielstimmig pflegt. Immer neue Ideen kommen auf uns zu. So ist ein ›TV-Club ständiger Serienseher‹ in Vorbereitung, in dem Auswege aus den Problemen von Alexis bis Donald Duck diskutiert werden sollen. Oft werden auch Partner gesucht für Dinge, die man nur vierhändig betreiben kann.«

»Mein Gott, woran denken Sie?«

Auf allen Tasten glücklich

»Vielleicht«, sagt der Chef nicht ohne Stolz, »haben Sie eine der nachsichtigen Kritiken gelesen über das Klavierduo Karla & Karl? Karla hat in langjähriger Ehe mit ihrem Gatten Klavier gespielt, und zwar immer nur vierhändig, weil auch in dieser Partnerschaft keiner dem anderen zuhören wollte. Sie saß immer links und war verrückt darauf, nach dem Tod ihres Mannes endlich mal die oberen Tonlagen zu fingern. RaR vermittelte ihr einen Rentner, dem es nichts ausmacht, nur das Humdada zu spielen, und nun sind sie auf allen Tasten glücklich und geben Gastspiele in Städten bis zu 20 000 Einwohnern.«

»Vermitteln Sie auch Weihnachtsmänner?«

»Brauchen Sie einen?« fragt der RaR-Mann. »Dann muß ich Sie auf eine Warteliste sezten. Die Nachfrage ist nämlich höher als das Angebot. Unsere Weihnachtsmänner haben ja tiefverwurzelte Bärte. Das erhöht ihren Reiz. Die besten davon werden von unseren Kundinnen aus dem Verkehr gezogen. Aber wie wär's mit einer Häsin? Osterhäsinnen und Osterhasen haben wir neu im Angebot. Sie verstecken die vom Auftraggeber gelieferten Ostergaben in einem Waldstück, und wenn die Suche stockt, taucht der kostümierte Hase auf und gibt — hüpfend oder mit den Ohren schlackernd — Hinweise, bis das letzte Osterei gefunden ist.«

»Und dann? Wo bleiben der Osterhase und die Häsin — wo bleiben sie?«

»Wo sollen sie bleiben? Sie setzen sich wieder auf ihre Mopeds und fahren zum nächsten Einsatz.« Der RaR-Manager reckt sich nach links. »Soll ich noch einen Brief. . .?«

»Nein, danke«, sagt der Fragesteller, »ich komm' noch mal wieder, wenn mir ein Bart gewachsen ist.«

Unser neuer Roman
Jung und verliebt
von A. MOHR
jetzt in
BETTY
7 Ratschläge für Sex
in BETTY
Mein Freund (15) liebt meine Mutter (32)
in BETTY
Soll ich es ihm sagen?
in BETTY

13
Alter schützt vor Liebe nicht

Warum, schrieb die 70jährige Hedda B. an die ›Silberne Wochenpost‹, haben Ihre Redakteurinnen und Redakteure zu alten Leuten ein gestörtes Verhältnis? Alle Ihre Kurzromane und alle Ihre Tatsachenberichte handeln von Gören um die 30 und von Buben, die noch in der charakterlichen Ausbildung sind. Es ist ja nicht einmal die letzte Wahrheit, daß das Leben, wie es Udo Jürgens besingt, mit 66 anfängt. Bei mir ging es erst mit 70 richtig los. Das beweist der beiliegende Tatsachenbericht. Wenn Sie vieles wiedergutmachen wollen, drucken Sie ihn in Ihren Spalten ab! Er ist, das schwöre ich, genauso wahr wie alle übrigen Tatsachenberichte in Ihrem geschätzten Blatt.

Der Bericht kam mit einer gedruckten Absage an Hedda B. zurück. Nun steht er hier:

Hedda und der graue Fritz

»Was sollen wir mit einem Mann«, sagte Hedda, während sie die Torte mit der rosarahmigen 70 anschnitt, »wir hatten doch genug davon! Du, Greta, bist zweimal geschieden, du, Liesbeth, hast den deinen um ein Jahrzehnt überlebt, und ich war nie verheiratet und habe nicht das Gefühl, irgend was versäumt zu haben.«

Das war am Nachmittag von Heddas 70. Geburtstag, und am Abend wurde dreistimmig beschlossen, Fritz Stamm in die Wohngemeinschaft Reihersberg Nr. 3 aufzunehmen.

Liesbeth, mit 67 die Jüngste in der Runde, hatte Stamm auf einer Stadtparkbank kennengelernt, als er sich zu ihr setzte und mehrfach versicherte, daß er für sein Alter — er gab es mit 76 an, sah aber zwei Jahre jünger aus — viel zu einsam sei. In ihrer Verantwortung für das Finanzielle sah sie in Fritz a) eine Aufbesserung des gemeinsamen Etats für Miete und Haushalt und b) eine sinnvolle Ausnutzung des noch leerstehenden Zimmers in der Wohngemeinschaft.

Mit drei Astersträußen und einem Sack Wäsche zog Fritz Stamm eine Woche später ein. »Das ist das schönste Dreimäderlhaus der Welt«, schwärmte er beim ersten Tee und verteilte seine Komplimente, als hätte er sie vorher in drei gleiche Portionen aufgeteilt.

Das hatte Folgen. Liesbeth kaufte sich eine bläulich schimmernde Zweitperücke, Hedda kürzte ihre Kleidersäume um gute fünf Zentimeter, und Greta, 69, schminkte ihre Lippen wieder herzchenförmig.

Die ersten Abende verliefen in großer Eintracht. Fritz Stamm ließ durchblicken, daß er sich von seiner Rente jeden Abend ein Fäßchen Bier leisten könne, wenn er wolle, und daß er bis vor einer Woche noch regelmäßig in die Discothek zum großen Hammer gegangen sei.

Disco-Latein

»Und warum jetzt nicht mehr?« erheischten die Damen ein wohngemeinschaftliches Kompliment. »Weil«, erklärte Fritz, »weil mir zu später Stunde eine 30jährige auf die Schulter geklopft und gesagt hat › Nun wird's Zeit, Opa, nun gehn wir ins Bett ‹ und weil ich darauf geantwortet habe › In welches denn, in meins oder in deins ‹?«

Die Damen kicherten, und Hedda sagte: »Aber das ist doch kein Grund, nicht mehr in die Disco zu gehen?« »Doch doch«, nickte Stamm, »denn am nächsten Abend haben das vier und am übernächsten zehn zu mir gesagt. Das wurde mir dann zuviel.«

»Der spinnt doch!« flüsterte die erste der zweiten und die zweite der dritten zu.

Der Abend blieb voller Zweifel.

Raten Sie einmal, wer das für Sie gekocht hat?
... Und Ihnen den Knopf an die Jacke wieder angenäht?
... Und vor allem Ihre Hemden gewaschen und gebügelt?

Trotzdem ging es Stamm von Tag zu Tag besser. Seine Wäsche war gewaschen, und keine wollte es gewesen sein. Was mittags auf den Tisch kam, war nach den Rezepten seiner lieben Mutter bereitet. Und wo immer ihm ein Knopf abging, befand er sich am nächsten Tag, fester denn je, wieder an Ort und Stelle. Fritz Stamm verkündete, daß er nicht zu den Rentnern gehöre, die sich durchweg bemuttern lassen, und ehe ihm die Wände auf den Kopf fallen könnten, wolle er sie lieber tapezieren. Hinzu kam, daß er von Beruf Maler war.

Dreifach umworben

Mit Heddas Zimmer fing er an. »Warum nicht mit meinem?« fragte Greta und betätschelte Fritz mit einer Weißbürste, die sie eigens zu diesem Zweck gekauft hatte. »Und meins hätte es am nötigsten«, sagte Liesbeth und zielte mit einer Spritzpistole auf Fritzens frisch gereinigten Malerkittel. »Weil Hedda eine Leiter hat«, verteidigte sich Stamm und ging damit die Wände hoch.

Es lag Eifersucht in der Wohngemeinschaft. So sehr sich Fritz Mühe gab, sie zu überpinseln — sie setzte sich durch wie die Grundfarbe an den Wänden.

»Die Liebe ist des Argwohns Schmied« las Liesbeth auf einem Kalenderblatt, und am selben Tag hörte ihr Ohr am Schlüsselloch, wie Stamm dabei blieb, daß er die Verantwortung für die neue Tapete nicht ohne Hedda tragen könne. Wie er das meinte, wurde Liesbeth klar, als sie die beiden am späten Abend unter der Laterne vor dem großen Tor sah. »Soso«, giftete sie, »hier sucht ihr also das neue Muster aus?«

Mauseschätzchen und Graulemann

Um Liesbeths Herzklappe nicht unnötig zu belasten, fuhr der Maler im Ruhestand mit ihr in eine Ausstellung moderner Kleinplastik, weil sie sich kunstbeflissen gab. Liesbeth nutzte die Chance. Im Bus legte sie ihre Linke auf Fritzens Rechte und redete ihn mit Mauseschätzchen und Graulemann an, und zwar so laut, daß auf dem nächsten Doppelsitz ein Mädchen ihre Mutter anstieß und staunte: Das gibt's doch nicht! Laß mal, flüsterte die Mutter der Tochter zu, die sind bestimmt vom Seniorentheater und üben ihre Rollen. Woraufhin die Tochter kicherte: Das muß aber ein sehr lustiges Stück sein! Bitter, wirklich bitter, wie unwissend die Jugend in Sachen Liebe ist!

Daß Fritz mit Liesbeth in Kunst machte, ließ Greta nicht ruhen. Schließlich war sie zwei Jahre älter und entsprechend reifer. Als ihm gegen Abend der Rundpinsel aus der Hand fiel, lockte sie ihn mit einem Pilsversprechen in die übernächste Kneipe. »Ich habe gelesen«, sagte sie beiläufig nach zwei

Hellen, »daß es Männer gibt, die mit 75, ja sogar mit 76 noch Kinder zeugen. Und wie steht's mit dir?« »Was soll das Baby von mir denken?«, lenkte Fritz Stamm ab.

Als er heimkam, hockte Hedda auf ihrer neuen Streifentapete wie das oft zitierte Häufchen Unglück. »Du bist ein Frauentyp«, schluchzte sie und wollte vergleichshalber wissen, was an Fritzens allergrößter Liebe das beste war. Stamm hievte sich auf den Tapezierbock und schwärmte: »Sie war anlehnungsbedürftig, hatte sanfte Pfötchen, war genüßlich zu streicheln und ging gern mit mir ins Bett.« »Auch in Ausstellungen moderner Kleinplastiken?« jaulte Hedda auf. »Nein«, lachte Fritz, »und sie konnte auch nicht kochen, weil sie eine Siamkatze war.«

Da fiel Hedda dem Malersmann um den Hals und besprach mit ihm, wie man die beiden Renten erhalten und in einer Onkel-Ehe gut miteinander auskommen könne.

Um es mit Liesbeth und Greta nicht endgültig zu verderben, durften sie mitgehen, als sich Hedda und der graue Fritz einen Campingwagen fürs Überwintern aussuchten. Irgendwo im Süden sagt Fritz Stamm nun jeden Tag dreimal zu Hedda »Ich liebe dich«, einmal beim Frühstück, einmal im Tretboot und einmal kurz vor dem Schlafengehen.

Und für die freigewordenen Zimmer am Reihersberg werden zur Zeit zwei Rentner gesucht, die unter anderem auch tapezieren können.

Diesmal verdient unser Herr Ewald Kusche die hohe Auszeichnung „idealer Rentner"! Seit 8 Jahren in unserem Seniorenheim, hat er sich noch niemals über Behandlung oder Essen beschwert!

14 Testergebnis: Ideal oder nicht?

Auswertung des Tests von Seite 69

Was heißt schon idealer Rentner oder ideale Rentnerin? Ideal für wen denn? Für die Linken oder Bayern München? Für die Rechte oder den Konsum? Für den Doktor oder die Versicherung? Für die Steuer oder für Mallorca? Für den Pfarrer oder das Altenheim? Für Ganoven oder Taubenzüchter? Für die Krücke oder Enkel Thomas? Für die Panther oder die Hundeleine? Für wer weiß was oder sonst dergleichen? Nun, wir werden die Antwort nicht finden.

Keiner weiß, was ideal ist, und nun sind wir richtig gespannt, ob es Professor Web Maunder aus Chicago-East weiß!

Haben Sie testfreundlicherweise Ihre geschätzten Punkte noch im Sinn? Dann gilt für:

7 bis 10 Punkte: Glückwunsch! Mit Ihnen kommt jeder zurecht. Sie sind der ideale Verbraucher und Nutzgenießer. Eigentlich fehlt Ihnen nichts als gutes Wetter und wieder mal ein neuer Koffer. Sie wissen, was »in« ist, denn Sie sind es selbst. Kataloge, Preislisten, Fahrpläne — nichts ist Ihnen fremd, es sei denn Ojmjakon in Sibirien, weil 70 Grad minus Ihrem Rheuma nicht bekommt. Hätten Sie mal Ihren Terminkalender behalten! Alle wünschen, daß Sie noch lange so bleiben, wie Sie sind!

11 bis 19 Punkte: Glückwunsch auch Ihnen! Sie lassen sich auch als Rentner oder Rentnerin nicht von der Langeweile nerven. Eher schon von Bekannten, die mit ihren Pillen protzen. Am liebsten sind Sie mit Leuten zusammen, die zehn Jahre jünger sind. Auch Charles und Di wären Ihnen recht. Neid kennen Sie nicht, auch nicht auf höhere Renten und schon gar nicht auf Millionäre, die arm dran sind. Dafür sammeln Sie Diät-Rezepte und telefonieren, werkeln oder kegeln sich durch die Jahre. Schrecklich die Vorstellung, daß Sie mal allein auf einer Insel leben müßten! Einsamkeit — schon das Wort jagt Ihnen Angst ein.

20 bis 25 Punkte: Glückwunsch zum dritten Mal! Noch immer genügen Sie sich selbst. Warum sollten Sie die restliche Zeit damit verschwenden, übers Wetter zu reden oder zum Karneval zu fahren! Den

Fernseher schalten Sie erst 22.30 Uhr ein, und selbst dann beschimpfen Sie noch den Friedrichs und den Kronzucker, die doch auch nichts dafür können. Sie behaupten ständig, daß Sie einen für Ihr Alter viel zu gesunden Menschenverstand und einen viel zu großen Sinn für Humor haben. Das möge Ihren Glauben festigen, einer der wenigen, wenn nicht der einzige ideale Rentner zu sein!

15 Die schönen Erinnerungen

Erinnerungen verhalten sich reziprok zu denen, die sie haben: Je älter sie werden, um so schöner werden sie. Alle Ehefrauen können das bezeugen, die über Jahrzehnte hinweg die Variationen im Ohr haben, die der Weggefährte seinen Erlebnissen von anno dazumal gibt.

»Habe ich euch eigentlich schon erzählt...?« beginnt Niko Peters und läßt sich nicht bremsen, wenn alle nicken. Es geht um die Jugendfreundin, die eines schönen Tages beim Fangeballspiel in den Dorfteich gefallen ist. Niko, der erzählende Held, hat sie wieder an Land gezogen und später aus den Augen verloren.

Zehn Jahre nach der ersten Fassung war der schöne Tag ein stürmischer Miesling, der Dorfteich ein reißender Fluß und die Jugendfreundin seine damalige Braut, die ihn durch den Sprung in die Fluten zur Verlobung zwingen wollte.

Und nach weiteren zehn Jahren ... na, wir überschlagen das mal und begeben uns zu einem Rentnertreffen in das Einfamilienhaus eines früheren Arbeitskollegen. Dort wird es sicher noch Gelegenheit geben zu der jetzigen, wenn auch nicht endgültien Fassung der rührseligen Story.

Die Krise der Planung

So ein Rentnertreffen wird auf der Einladung als Party der Ehemaligen bezeichnet. Es entsteht aus dem Impuls, sich menschenfreundlich zu geben, ehe alles zu spät ist. Die erste Krise liegt in der Planung.

»Was? Den willst du einladen?« bremst die Gattin des Menschenfreundes. »Der hat sich doch seit seiner Pensionierung nie wieder gemeldet. Nicht mal zu unserer Silbernen Hochzeit hat er geschrieben. Dabei hat er bestimmt das Inserat gelesen, in dem wir uns im Namen unserer Kinder gratuliert haben.« »Es ist doch nur wegen der anderen«, verteidigt sich der Menschenfreund, »damit die mal sehen, wie dem der Kalk aus den Manschetten rinnt.«

»Und die Hübschfeld soll auch kommen? Mit der hattest du doch mal was?«

»Ja«, muckt der Menschenfreund auf, »mit der hatte ich mal was! Einen großen Krach hatte ich mit

Lade doch gleich alle deine Verflossenen ein, aber dann gefälligst ohne mich!

der, weil die Brille, mit der sie ihre Kurzsichtigkeit entschuldigte, überhaupt keine Gläser hatte. Die soll kommen, damit ich mich darin übe, alles, was war, zu vergessen und zu begraben.«

Die Einladungen gehen raus. Der Menschenfreund persönlich bringt sie zur Post, damit auch nicht eine auf halbem Weg unterschlagen werden kann.

Aber die meisten kommen

So kriselt es erst wieder bei den Empfängern. »Da geh ich nicht hin«, schüttelt einer den Kopf, »das ist doch der, der die Spesenrechnungen abgezeichnet und mir jede Forelle vermiest hat. Ich bin sicher, der kassiert Eintrittsgeld von denen, die kommen.«

»Was soll das?« fragt ein anderer in den Briefumschlag hinein, »ich weiß ja gar nicht, wer da alles auftaucht. Vielleicht sogar Hibbelbein, dem wir das Großraumbüro und das Ende aller Elektrokocher zu verdanken haben.«

Aber die meisten, die der Menschenfreund eingeladen hat, stehen pünktlich auf der Matte — Damen in ladenfrischen Stoffen und sprayfesten Frisuren, Männer in Ober- und Freizeithemden, aus denen ergraute Brusthaare wuchern wie Engelshaar aus der Weihnachtsschachtel.

Der Menschenfreund freut sich, daß keine der eingeladenen Damen abgesagt hat. Nun jubeln sie:

»Nein, du hast dich aber auch überhaupt nicht verändert. Gut siehst du aus!«

«Du aber auch überhaupt nicht. Und so gesund!«

»Und du erst! Färbst du dein Haar? So blond bist du doch nie gewesen?«

»Jeder stylt sich, wie er sich fühlt. Du hast früher Seidenpullis getragen, und jetzt trägst du Weitmaschig-Selbstgestricktes.«

Ähnlich die Herren.

»Mann, daß du noch lebst!«

»Doch nur, damit ich zu deiner Beerdigung kommen kann.«

»Wer ist denn der Dicke da drüben, der sich gerade den Begrüßungsschnaps reinzieht?«

Der Name wird zugeflüstert, und schon eilt der Kontaktfreudige mit ausgebreiteten Armen auf den Dicken zu. »Mensch, Willi«, jault er auf, »alter Haudegen! Wie geht's denn zu Hause, was macht die liebe Gattin?«

Der falsche Willi

»Ich hab doch gar keine Frau«, winkt der Angesprochene mit seinem Schnaps ab, »und Willi heiße ich doch auch nicht. Ich bin doch der Heinrich vom Fuhrpark.«

»Aber du siehst heute aus, wie Willi damals aussah«, behauptet der starrsinnige Gast und schließt den Dicken in die immer noch ausgebreiteten Arme.

Seid doch mal still – der Otto will jetzt quatschen!

Da schlägt es ans Glas.

»Wie schön«, freut sich der Gastgeber, »euch alle in so gutem Zustand wiederzusehen! Willkommen und teilweise sogar herzlich willkommen! Ihr habt euch erhalten, ihr lieben Freunde, als gäbe es noch immer kein Verfallsdatum, so frisch und lecker seht ihr alle aus!«

Langanhaltendes und immer heftiger werdendes Klatschen vermeidet Schlimmeres.

Schön ist ein Treffen ehemaliger Arbeitspferde auch deshalb, weil es Gelegenheit gibt, endlich einmal all die Leute kennenzulernen, an denen man jahrzehntelang vorbeigehuscht ist. Auch ist es geeignet, alle Menschenkenntnis, derer man sich gerühmt hat, über den Haufen zu werfen. Die zerknitterte junge Frau, die immer den Kaffee gebracht hat, sieht als ältere Dame mit ihrer hellen Hornbrille interessanter aus denn je, und sie ist es auch, denn sie hat sich nach der Pensionierung drei Semester Jura geleistet. Ein ernster Mann mit Rauschebart und rotem Kopf, der stumm in der Ecke steht, gibt sich als der früher blasse und bartlose Jüngling zu erkennen, der die Stimmungskanone der Betriebsfeiern war. Trotz mehrfacher Aufforderung fällt ihm heute kein einziger schweinischer Witz mehr ein.

»Warum bloß nicht?«

»Wegen meiner dritten Frau«, antwortet er traurig, »die ist so prüde, und ich hab's ihr versprochen.«

Überhaupt: Alle, die früher viel geredet haben, sind kleinlaut geworden, und alle, die sich damals wortkarg gaben, reden nun unbekümmert drauflos.

»Weißt du noch, Erwin?«, fragt die ehemalige Abteilungsleiterin über den Tisch hinweg, »wie wir beide im Fahrstuhl steckengeblieben sind und wie du...« Die Stimme verhaspelt sich in einem mehrdeutigen Kichern.

Erwins Blutdruck steigt auf 190. Es ist ihm peinlich, daß er die Fahrstuhlkumpanin den ganzen Abend mit Sie angeredet hat. Und er kommt auf 210, als sich aus ihrem Kichern der Aufschrei löst: »Und das zwei Stunden lang!«

Immer diese Mißverständnisse!

»Nein«, winkt da der Kollege ab, der damals den Fahrstuhl wieder in Gang gebracht hat, »es waren nur anderthalb, aber das reicht ja auch, was, Erwin?«

Möglicherweise waren es nur anderthalb Minuten. Der Erinnerung sind keine Grenzen gesetzt.

Am Nebentisch versteht die ehemalige Kassiererin die Welt nicht mehr. Zu ihrer Rechten sitzt der allseits beliebte Rentner, den sie in übertriebenem Selbstbewußtsein einmal einen dummerhaften Idioten genannt hat. Ein Jahrzehnt lang ist sie ihm deshalb aus dem Weg gegangen, und nun, da sie verlegen auf den Vorfall zurückkommt, um sich von dem

bösen Druck zu befreien, trinkt der ›dummerhafte Idiot‹ ihr zu und lächelt: »Sie müssen sich irren. Ich kann mich nicht daran erinnern, Sie jemals schlecht gelaunt gesehen zu haben.« — »Na, na«, wendet da ein Dritter in der Runde ein, »unsere Kassiererin, das war doch immer ein richtiges Biest!« Er sagt es mit konservierter Bitternis, und die betroffene Kollegin kann auf einmal nicht verstehen, weshalb sie nur seinetwegen zu der Wiedersehensparty gekommen ist.

Am nächsten Tisch, dem mit der Eckbank, wird schon »So ein Tag, so wunderschön wie heute« gesungen. Als der Refrain verklungen ist und einige verrentete Damen und Herren mißbilligend auf den Mann blicken, der das Lied angestimmt hat, steigt schnell Niko Peters in die Verlegenheitspause ein.

Nikos letzte Fassung

»Habe ich euch eigentlich schon erzählt«, beginnt er und läßt sich nicht irremachen, »wie ich meiner Frau das Leben gerettet habe?« Und diesmal schildert er einen Urlaubstag an einem einsamen Strand von Rhodos mit einem freikörperkulturellen Fangeballspiel zu zweit. »Auf einmal«, fährt er fort, »kommt ein Unwetter daher, und eine Riesenwelle geht über meine Frau hinweg und reißt sie mit sich hinaus in die offene See. Ich hinterher!« Mit weit ausholenden Gesten beschreibt er die kirchturmhohen Brecher und den großen Augenblick, in dem er die Seine am rechten Fußgelenk packen und mit letzten Kräften an Land ziehen konnte. »Ich hätte die Lebensrettungsmedaille bekommen, wenn es nur einer gesehen hätte«, schließt er, »aber, na ja, man kann nicht alles haben im Leben.«

Als er Luft holt, fragt eine frühere Sekretärin: »War da nicht auch mal eine Jugendfreundin, die Sie aus dem Dorfteich gezogen haben? Ich hab' nämlich ein gutes Gedächtnis.«

Da verschluckt sich Peters und hustet vor sich hin, ehe er sagen kann: »Jaja, das stimmt. Aber das war eine ganz andere Geschichte.«

Nächste Woche oder nächstes Jahr werden alle, die daran teilhatten, von der Rentnerparty erzählen und strahlend schließen: »Es war der schönste Abend, den ich je erlebt habe!«

Seit
1951
Jutta
von Althaus
Ihre vornehme
Senioren-
Partner-Vermittlung
9.999 Anerkennungen
G. Bri

Wichtige Begriffe und Namen

Die weiteren Titel aus der I♡-Reihe*)

Jeder Band 128 Seiten, zahlreiche Illustrationen

Weitere Titel in Vorbereitung

*) Ihre Buchhandlung informiert Sie gerne über jede Neuerscheinung!